Mauritius Wilde

Der Mönch in dir

Mauritius Wilde

Der Mönch in dir

Ein Weg zu Gelassenheit und Loslassen

VIER TÜRME

Ich danke den Pilgergruppen »Subiaco 95«, »Subiaco 96« und »Montecassino«, mit denen zusammen ich meine ersten Entdeckungen in der Vita Benedikts machen durfte.

Ich danke den benediktinischen Gemeinschaften von Männern und Frauen, mit denen ich diese Gedanken weiterentwickeln konnte.

Ich danke den Studentinnen und Studenten des Ateneum Sant'Anselmo in Rom, mit denen ich den Dialog weiterführen durfte.

Inhalt

Der Mönch in uns

Die ersten Mönche, die ich kennenlernen durfte, haben mich fasziniert. Zum einen fand ich, dass sie unglaublich viel vom Leben und von der Welt verstanden. Obwohl sie zurückgezogen lebten, zum Teil in eigenartiger, einer sehr alten Tradition verhafteten Weise, fühlte ich mich von ihnen besser verstanden als von vielen anderen Menschen in meiner Umgebung. Sie hatten ausgewogene, überlegte, keine extremen Ansichten. Sie verstanden meine Sehnsucht. Sie verstanden etwas vom Menschsein und die Verschiedenheit der Menschen. Sie verstanden etwas vom Zusammenleben. Zum anderen waren sie freundlich und zugewandt und im selben Moment doch sehr bei sich selbst und keineswegs anbiedernd. Sie warben nicht um mich. Sie hatten Berufe wie Melker, Steuerberater, Gastbruder, Drucker, Lehrer und übten diese im Kloster aus. Sie hatten ein klares, in gewisser Weise auch radikales Lebenskonzept, aber sie zwangen es niemandem auf, sondern lebten es selbst. Sie gaben auch zu, dass sie diesem Konzept nicht immer hundertprozentig gerecht würden, sondern »auch nur Menschen« seien. Ich spürte eine Gelassenheit in ihnen, die auf einem Realismus fußte und gleichzeitig das Ideal nicht aufgab. Und ich fand bei ihnen – das war noch attraktiver! – eine gewisse Heiterkeit, die sprichwörtliche *hilaritas* der Mönche. Heute weiß ich, dass in ihr die »frohe Botschaft« Jesu durchschien, der sie versuchten zu folgen, ohne sie thematisieren zu müssen.

Mir scheint, die Mönche konnten über sich selbst lachen, weil sie sich losgelassen hatten. Bevor sie in das Kloster eintraten, hatten sie zunächst sehr viel Konkretes in ihrem Leben losgelassen: ihre Herkunftsfamilien, ihre Freunde, ihren Besitz, die Perspektive, einmal zu heiraten oder Kinder zu haben.

Das Wort »Mönch« leitet sich vom altgriechischen *monachos* ab und bezeichnet schlicht jemanden, der allein ist, der einsam ist. Der Mönch ist jemand, der eine gewisse Einsamkeit wählt, der bewusst loslässt, was ihn behindert, und dabei in Kauf nimmt, allein zu sein. Der irgendwann sogar gerne allein ist, weil er in diesem Zustand sich und Neues und Gott entdeckt. Die Frage ist: Ist das nur eine Sache für wenige Spezialisten oder für jedermann, jede Frau? Lebt ein Mönch in mir und auch in dir?

Der Religionsphilosoph Raimon Panikkar spricht vom Mönch als einem Archetyp. Der »Mönch in uns« ist der »Ort«, wo wir allein sind, wo wir einmalig sind und unvertretbar. Jeder Mensch kennt Einsamkeit, und sicher muss man unterscheiden zwischen einer Einsamkeit, unter der man leidet und die wir nicht gewählt haben, und einer existenziellen Einsamkeit, die jeden Menschen betrifft, einfach weil er Mensch ist. Denn an bestimmten Punkten seines Lebens ist er ganz allein. Das wird besonders beim Sterben deutlich, weil wir nur ganz allein durch diese Tür gehen können. Das Sterben ist das große und letzte Loslassen. Insofern könnte man sagen, unseren inneren Mönch zu leben, ist schlicht die Anerkenntnis, dass ich im Letzten allein bin. Nicht nur im Tod, sondern auch schon in diesem Leben. Vielleicht haben wir es bei wichtigen Entscheidungen erlebt: die Unvertretbarkeit. Niemand hätte uns die Entscheidung abnehmen können. Vielleicht haben wir es in Notsituationen und bei Schicksalsschlägen erlebt, die eben mich und niemand anderen getroffen haben. In diesem Sinn ist jeder Mensch ein Mönch, ein *monachos*. Das anzuerkennen und anzunehmen, führt zu Gelassenheit. Weil ich mich dann nicht mehr an andere oder die Welt klammern muss, an die ich mich gar nicht klammern kann, weil ich sie nicht festhalten kann und weil sie mich wiederum nicht halten können.

Mit der mönchischen Einsamkeit geht auch eine ungeheure Freiheit einher. Weil man nicht mehr an bestimmten Dingen oder Personen hängt, weil man sie losgelassen hat, wird man wirklich frei. Janis

Joplin sang einmal: »Freedom is just another word for nothing left to lose – Freiheit ist nur ein anderes Wort dafür, dass man nichts mehr zu verlieren hat.« Der Mönch ist der ganz freie Mensch – frei, er oder sie selbst zu sein. Ich bin frei von den Erwartungen anderer. In diesem Zustand muss ich niemandem mehr gefallen, habe ich einen Wert, der völlig unabhängig davon ist, wie andere mich sehen. Dort habe ich einen Ort, an dem nur ich sein kann.

Das Leben der Menschen, die den Mönchstand gewählt haben, kann uns zeigen, wie man diesen *monachos* in sich entdecken, annehmen und leben kann. Denn das ist kein Zustand, sondern ein Weg. In diesem Buch möchte ich ein Leben herausgreifen, das gut beschrieben ist und dessen Beschreibung einen sehr großen Einfluss auf die Geistes-, Kirchen- und Kulturgeschichte hatte: das des heiligen Benedikt (ca. 480–547). Nur etwas mehr als vierzig Jahre nach dessen Tod machte ein anderer Mönch, Gregor der Große, sich daran, sein Leben aufzuschreiben. Er entwirft dabei keine Biografie nach unseren heutigen Maßstäben, obwohl er dabei nicht wenige historische Fakten wiedergeben dürfte, sondern will ein Beispiel (*exemplum*) vorstellen, das auch anderen zum Vorbild dienen kann. In heutiger Sprache könnte man sagen, dass er uns den »Mönch in uns« vorstellen will. In damaliger Sprache wollte er zeigen, wie das Leben eines heiligen Menschen aussieht. Das Sympathische an dieser *Vita Benedicti* ist die Tatsache, dass es sich nicht um ein Lehrbuch oder eine Abhandlung handelt, sondern um eine Erzählung, mit der wir uns an der einen oder anderen Stelle identifizieren können. Wir sehen, wie Benedikt sich entwickelt. Und das gibt uns die Chance, unser eigenes Leben zu entwickeln und immer mehr wir selbst zu werden. In Benedikt sehen wir, wie ein Mensch – in radikaler, und damit vielleicht vorbildhafter Weise – loslässt, um so er selbst zu werden und der Stimme Gottes zu folgen.

Bloß weg hier

Vielleicht kennen Sie Momente, in denen Sie denken: »Bloß weg hier!« Es sind Situationen, in denen sich unser Instinkt meldet. Das ist keine schlechte Sache. Immerhin gehört »Flucht« zusammen mit »Kampf« und »Einfrieren« zu unserem genetischen Erbe. Den Impuls, wegzugehen oder zu fliehen haben wir aber nicht nur in Überlebens- und Notsituationen. Manchmal sind es die kleinen Dinge, bei denen man plötzlich weiß: Ich muss mich hier rauslösen. Ich kann hier nicht bleiben.

»Bloß weg hier« war auch häufig der Impuls, der Menschen ins Mönchsleben führte. Denn der Weg des Mönchs beginnt mit der *fuga mundi*, mit der Flucht aus der Welt. Die ersten Mönche flohen in die Berge, in Höhlen oder in die Wüste, so geschehen in Ägypten, wo das christliche Mönchtum entstanden ist, in Palästina und um das östliche Mittelmeer herum. Entweder war da die Abneigung, sogar eine Art Ekel, der die Menschen aus der Welt fortgetrieben hat. Oder es war eine Art Suche, weil man eine neue Orientierung brauchte. Was die Welt ihnen erzählte, genügte ihnen nicht mehr. Der »Mönch in mir« ist der, der die Welt nicht mehr versteht, der sich selbst nicht mehr versteht. Der langsam anfängt zu ahnen, dass es Gott ist, der ihn durch und durch versteht. Und so will er nicht mehr »der Welt gefallen, sondern Gott«, wie es gleich zu Beginn der Lebensbeschreibung Benedikts heißt.

Die Vita Benedikts kann uns ermutigen, es zu akzeptieren, wenn wir manchmal das Gefühl haben, dass wir uns aus einer aktuellen Lebenssituation herauslösen müssen. Vielleicht wenigstens einmal für eine bestimmte Zeit. Die Gästehäuser der Klöster boomen weltweit. Menschen gehen für eine Zeitlang dorthin, weil sie genau das wollen – Abstand! Sie erhoffen sich, aus der Distanz heraus neu auf ihr

Leben schauen zu können. Sie hoffen, in der Abgeschiedenheit wichtige Entscheidungen treffen zu können. Oder sie suchen einfach nur die Ruhe. Damit haben sie exakt denselben Impuls, den auch alle Mönche haben, die ein Leben lang in ein Kloster gehen. Damit tun sie im Grunde nichts Neues, sondern stehen in der Tradition des jahrhundertealten Mönchtums. Gregor der Große schreibt einmal: »Wenn wir Mönche genannt werden, ist es, weil wir – der Welt entsagend – in die Einsamkeit gegangen sind, um ein zurückgezogenes Leben zu führen« (Kommentar zum ersten Buch der Könige I,61). Und vom ägyptischen Mönch Abbas Arsenios wird gesagt: »Als der alte Vater Arsenios noch im Palast war, betete er zu Gott: ›Herr, zeige mir einen Weg, um Erlösung zu finden!‹ Und eine Stimme kam zu ihm und sagte: ›Arsenios, fliehe vor den Leuten, und du wirst erlöst werden.‹ Als er sich bereits in das Leben eines Einsiedlers zurückgezogen hatte, betete er erneut mit denselben Worten. Und er hörte eine Stimme, die zu ihm sagte: ›Arsenios, fliehe, schweige, werde ruhig!‹« (nach Apophthegmata Patrum 39–40). Benedikt selbst beschreibt das Leben des Mönchs in der Abgeschiedenheit in seiner Regel mit folgenden Worten: »sich dem Treiben der Welt fremd machen« (*saeculi actibus se facere alienum*) (RB 4,20).

Allerdings ist die Flucht für die Mönche tatsächlich nur der Anfang. Nach diesem ersten Impuls beginnt für sie ein langer Weg, der sich aber lohnt. Der Mönch lernt dabei, dass er sich selbst immer mitnimmt, wohin er auch flieht, wohin er auch geht, mit welchen Menschen er auch zusammenlebt. Denn vor mir selbst kann ich nicht fliehen. Der echte Zufluchtsort ist tatsächlich ganz nahe: Er ist dort, wo ich »bei mir« bin. *Habitare secum* nennt Gregor der Große diesen Zustand in der Lebensbeschreibung des Benedikt von Nursia, »wohnen bei sich selbst«. Wenn ich bei mir selbst bin, dann kann ich überall sein. Die Flucht ist dann nur der erste Schritt, um mich neu zu finden.

Dieses Buch möchte jeden von uns dazu einladen, einmal fortzugehen und innezuhalten – wenn wir müde sind, wenn wir satt oder überdrüssig sind, wenn wir ratlos oder haltlos sind, wenn wir Orientierung suchen. Vielleicht wäre dann eine Lösung, wirklich einmal für eine Zeitlang ins Kloster zu gehen. Oder zu pilgern. Man muss dazu nicht weit reisen. Vielleicht ist es wichtiger, solche Zeiten öfter oder regelmäßig einzuplanen. Es lohnt sich, sich auf diesen Weg zu machen, einmal nach innen zu schauen, wieder dankbar zu werden für das, was ich habe und bin. Es lohnt sich, die eigenen Leiden ehrlich wahrzunehmen und dabei auf Gott zu vertrauen, so wie der Psalm sagt: »Besser, sich zu bergen beim Herrn, als zu vertrauen auf Menschen. Besser, sich zu bergen beim Herrn, als zu vertrauen auf Fürsten« (Psalm 118,8-9). Vielleicht werden wir ganz neue Perspektiven entdecken, auf unsere Träume lauschen, unsere Vergangenheit neu sehen, unseren Beziehungen neuen Sinn geben. Im Abstand von zu Hause kann ich mich fragen: Wer bin ich eigentlich? Was will ich eigentlich? Und was will ich nicht (mehr)? Wozu bin ich gerufen in dieser Welt? So kann klarer zum Ausdruck kommen, für wen ich lebe und leben will, wen ich wirklich liebe und für wen oder was ich mein Leben einsetzen würde.

Wie man die Benediktsvita deuten kann

Die Benediktsvita Gregors des Großen erzählt, wie es jemandem ergeht, der ausgestiegen ist. Sie beschreibt Benedikts äußeres und inneres Weggehen. Hier können vielleicht auch wir einiges von dem entdecken, auf das wir stoßen, wenn wir uns einmal zurückziehen und aus unseren Zusammenhängen herauslösen. Dabei müssen wir allerdings wissen, dass die Lebensbeschreibung Benedikts schon viele Jahrhunderte »auf dem Buckel« hat. Das mag uns das Verständnis hier und da etwas erschweren. Trotzdem lohnt es sich, sie zu lesen, auch weil sie über viele Jahrhunderte eine enorme Bedeutung und Wirkung hatte. Im frühen Mittelalter war die Benediktsvita Gregors des Großen nach der Bibel das meistgelesene Buch (Gregorio Penco). Bereits im 7. und 8. Jahrhundert war sie in fast ganz Europa verbreitet, und schon sehr bald gab es die ersten Übersetzungen. Dadurch und durch die Renaissance der Schriften Gregors hatte sie wesentlichen Anteil an der fast universalen Verbreitung der Benediktsregel in Europa. Denn diese war ursprünglich nur ein regionales Phänomen; die meisten Klöster hatten so etwas wie Mischregeln, die sich aus vielen Traditionen bedienten, da gab es kein Fokussieren auf eine einzige Regel. Erst durch die Benediktsvita wurde Benedikt bekannt und damit auch seine Regel.

Trotz ihrer historischen Bedeutung wurde die Lebensbeschreibung Benedikts in neuerer Zeit lange stiefmütterlich behandelt. Ich erinnere mich gut und gerne an mein Noviziat, die Hauptpräge- und Ausbildungszeit der Mönche. Wir haben uns ganz auf die Benediktsregel konzentriert, und die Lebensbeschreibung spielte fast keine Rolle. Warum war das wohl so? Damals, Mitte der 80er-Jahre, war eine Zeit, in der der Schwung und der Geist des Zweiten Vatikanischen Konzils in der katholischen Kirche noch frisch und voll da war. Man wollte zurück zu den christlichen Quellen, so nah wie möglich. Da war natürlich das Buch, das Benedikt selbst geschrieben hatte, viel wichtiger als eine Lebensbeschreibung, die erst Jahrzehnte nach seinem Tod entstanden ist. Ein zweiter Grund für diese Zurückhaltung war das massive Vorkommen von Wundern in der *Vita Benedicti*. Mit der Konzentration auf die historische Rückfrage, vor allem in der Interpretation der Bibel selbst, traten die Wundergeschichten in den Hintergrund. Man betrachtete sie als nette, erbauliche Erzählungen, die aber nicht wirklich viel spirituellen Nährwert hatten. Als ich selbst die Lebensbeschreibung zu lesen begann, fühlte auch ich mich zunächst wenig angesprochen: die vielen Wunder wirkten auf Dauer etwas langweilig, und alles kam mir doch ziemlich lebensfremd vor. Die Benediktsregel hingegen war konkret und gab praktische Hilfen für die Gestaltung des geistlichen Lebens, wenngleich man sie natürlich auch interpretieren musste.

Das alles änderte sich für mich persönlich 1995, als ich mit einer Gruppe von jungen Erwachsenen eine Wallfahrt auf den Spuren des heiligen Benedikt unternahm. Unsere Wanderung führte von Nursia nach Subiaco und später von Subiaco nach Montecassino. Ich werde nie vergessen, wie uns die Italiener verwundert nachblickten, als wir mit unseren schweren Rucksäcken unter der glühenden Sonne auf dem heißen Asphalt dahinstapften. Die Deutschen wandern halt gerne, ein Phänomen, das den Italienern damals eher unverständlich war. In Erinnerung blieb mir aber auch besonders die Gastfreundschaft, die wir erfahren durften, von Pfarrern, Fratres, Bürgermeisterinnen; man bewirtete uns spontan mit köstlicher Pasta, man ließ uns im Gemeindehaus schlafen. War hier bereits die typische benediktinische Gastfreundschaft zu spüren? Inzwischen, Jahre später, gibt es einen beschriebenen und ausgeschilderten Pilgerweg auf den Spuren Benedikts.

Auf der damaligen Wanderung war ich zum ersten Mal ernsthaft auf der Suche nach dem *Leben* des Heiligen, nach seiner Persönlichkeit und seinem Weg. Ich fragte mich: Wie hat er gelebt? Was hat er erlebt? Wie ist er so geworden, wie Gregor ihn beschreibt? Und: Wie kann man all die Geschichten in der *Vita* wirklich verstehen oder deuten? Seitdem beschäftige ich mich mit der Lebensbeschreibung und durfte mich fast drei Jahrzehnte lang in Exerzitien mit Benediktinerinnen und Benediktinern, in Kursen und Vorträgen und im Austausch mit Freunden und Studentinnen und Studenten von der *Vita* inspirieren lassen.

Inzwischen ist sie auch wissenschaftlich sehr gut erforscht, und ich beziehe mich in diesem Buch immer wieder auf den umfassenden Kommentar zur *Vita Benedicti* der Benediktinerin Michaela Puzicha. In ihrer Monografie finden sich in hoher Vollständigkeit alle biblischen Anspielungen und Zitate sowie die monastischen und patristischen Quellen. In den Jahrzehnten zuvor waren es nur wenige, die sich der *Vita* widmeten, hier sind vor allem die Benediktiner Adalbert de Vogüé und Terrence G. Kardong zu nennen. Noch immer fehlen weltweit Übersetzungen, es gibt zum Beispiel keine in Tagalog, und die ukrainische Übersetzung ist erst ganz neu. Nach wie vor bleibt hier also viel zu tun.

Mir geht es in diesem Buch um die Frage, was die Texte uns heute sagen können. Wie können sie den »Mönch in mir« nähren, mein geistliches Leben und mein menschliches Leben überhaupt? Die literarische Form der Lebensbeschreibung ist ein Dialog: Papst Gregor unterhält sich mit dem Diakon Petrus. Das macht schon deutlich, wie der Text verstanden werden will: dialogisch. Es geht darum, mit den Geschichten und Bildern, die beschrieben werden, ins Gespräch zu kommen. Das ist das Besondere an Bildern, an sprachlichen Bildern und Geschichten wie zum Beispiel Märchen, dass sie offen sind für Interpretationen. Während Begriffe einen Sachverhalt schließen und definieren (vgl. lateinisch *terminus* von *terminare*, beenden), sind Bilder dazu da, Sachverhalte so zu öffnen, dass man sich darin persönlich angesprochen fühlen und engagieren kann. Jesus bevorzugte in seiner Verkündigung deshalb oft Bilder und Gleichnisse. So ist es selbstredend, dass ich hier nicht alle möglichen Interpretationen der Texte Gregors anbieten kann. Meine Deutungen hingegen sollen eine Anregung sein, selbst weiter zu meditieren. Ich versuche quasi, in die Rolle des Petrus zu schlüpfen und mich imaginär mit Gregor beziehungsweise mit Benedikt selbst zu unterhalten. Dabei wollte und musste ich mich bei vielen Episoden der *Vita* erst in einer längeren Phase des Nachdenkens und der Meditation auf die Texte einlassen, mich in die Bilder vertiefen, um ihren Sinn zu verstehen oder zu erahnen. Tatsächlich sind viele von ihnen unseren heutigen Ohren und unserem heutigen Verständnis sehr fremd und auch so zeitbedingt, dass mancher sie wohl nach kurzer Zeit spontan weglegen würde. Damit wollte ich mich aber nicht zufriedengeben. So wie die Texte damals zeitbedingt waren, ist es unsere Herangehensweise heute ebenfalls. Die große Wirkung, die dieser Text im Lauf der Geschichte hatte, verstärkte in mir die Vermutung, dass hier auch etwas für mich und für uns heute zu holen ist.

Was die Menschen damals und uns heute verbindet, ist das *Humanum*, das Menschliche. Die Geschichten aus Benedikts Leben sind im Wesentlichen nichts anderes als die Verdichtung menschlicher und geistlicher Erfahrung. Davon kann man auch heute profitieren. Bei manchen Texten hat es Jahre gedauert, bis ich ihnen etwas abgewinnen konnte, manche habe ich wohl selbst heute noch nicht voll erschlossen, bei vielen aber bin ich unglaublich überrascht worden, wie viel Weisheit sie enthalten.

Die deutsche Übersetzung der ursprünglich auf Latein geschriebenen Lebensbeschreibung entnehme ich weitgehend der Ausgabe der Salzburger Äbtekonferenz »Gregor der Große: Der hl. Benedikt - Buch II der Dialoge«, wobei ich manchmal davon abweiche, wenn eine Übersetzung, die näher am lateinischen Original ist, dem Verständnis helfen kann. Die Dialogteile mit dem Diakon Petrus habe ich weggelassen, weil deren Interpretation ein Verständnis von noch mehr philosophischem und zeitbedingten Hintergrund voraussetzen würde. Die Geschichte selbst spricht bereits genug. Sämtliche Kapitel der *Vita* sind in diesem Buch enthalten.

Vorbilder

Die Lebensbeschreibung des heiligen Benedikt reiht sich in die Gattung der antiken *Exempla*-Literatur ein. In dieser Gattung von Texten werden die Lebensläufe besonders herausragender Persönlichkeiten beschrieben und diese als Vorbilder dargestellt. So schreibt der Mönch und Papst Gregor der Große (540-604) über Benedikt gleich zu Anfang: »Schon von früher Jugend an hatte Benedikt das Herz eines reifen Mannes, war er doch in der Lebensweise seinem Alter weit voraus.« Benedikt wird in der gesamten Erzählung immer als jemand Besonderes und als vollkommener Mensch beschrieben. Es gibt in seinem Leben keine »Vorgeschichte«, keine Brüche, wie dies zum Beispiel von Antonius dem Großen erzählt wird oder von Franz von Assisi, der als reicher Sohn eines Kaufmanns geboren wird und dann all sein Vermögen verschenkt, um für die Armen da zu sein und selbst arm zu sein. Es gibt auch keine Bekehrung bei Benedikt. Das ist verständlich, scheint es doch der literarischen Gattung geschuldet zu sein. Mir aber erschwerte es zunächst den Zugang zu den Texten. Wie kann ich mir jemanden zum Vorbild nehmen, der von Anfang an perfekt ist? Und wenn er so perfekt war, gab es wohl auch keine Entwicklung in seinem Leben? Wenn es keine Entwicklung gab, wie kann ich auf meinem Weg von ihm lernen? Wenn er so stark und heilig war, wie könnte er mir helfen, wenn ich mit meinen Schwächen und Begrenzungen konfrontiert bin? Benedikt auf dem Podest – für mich unerreichbar.

Dabei war Gregor selbst von Zerrissenheit und großen gesundheitlichen Problemen geplagt. Er schreibt einmal, dass er sich mit den Erzählungen der 51 Heiligen, die er in den vier Büchern der »Dialoge« beschreibt, aufbaut und so Trost findet. Darüber hinaus war seine Intention, zu zeigen, dass es auch in Italien große heilige Menschen gab, nicht nur im östlichen Mittelmeerraum, wo bereits viele Heilige verehrt wurden. Benedikt sieht er dabei als besonders vorbildlich an und widmet ihm ein ganzes eigenes Buch, nämlich das zweite der »Dialoge«. Wir dürfen auch nicht vergessen, dass hier nicht nur ein Mönch schreibt, denn Gregor war zur Zeit der Abfassung der *Vita* bereits Papst. Er schrieb also mit universalem Anspruch. Liest man die Texte aber vorsichtig und sorgfältig, begegnet man darin einem Benedikt, der gar nicht so perfekt war. Man entdeckt Brüche, Versuchungen und Schwierigkeiten. Die Tatsache, dass Gregor entgegen seiner Erzählintention diese Passagen nicht aus der Geschichte herausgestrichen hat, könnte auf die Historizität der Geschichten hinweisen. Ich machte es mir jedenfalls zur Aufgabe, die *Vita* auch immer wieder einmal gegen den Strich zu lesen.

Man könnte sich fragen, wie stark ein Vorbild eigentlich sein muss. Zum einen gibt es heute generell eine gewisse Abneigung Vorbildern gegenüber. In der Antike waren sie unangefochten, heute sind sie es wohl nicht mehr. Man will authentisch sein - ein Vorbild könnte einen dabei negativ beeinflussen. Auf der anderen Seite gibt es ein eigenartiges Interesse an Königen und Prinzessinnen, Stars und Prominenten, Politikern und Menschen mit Macht und Einfluss, als bräuchte man sie doch irgendwie. Man beneidet sie vielleicht ein wenig, und doch wartet man auch darauf, dass sie einmal fallen, bis sie sich als fehlbar erweisen - als ob sie erst dann wirklich für uns nahbar werden könnten. Erweisen sich Vorbilder nicht gerade dann als solche, wenn sie zeigen, wie sie durch Krisen gehen, wie sie sich in Widrigkeiten bewährt haben? Dass sie trotz Schwierigkeiten ihren Weg gegangen sind?

Unabhängig davon können wir uns fragen, welche Menschen für uns in unserem Leben zu echten Vorbildern geworden sind, im Sinne von: Sie haben mich auf gute Weise beeinflusst, ich habe sie geliebt und geschätzt, ich möchte die eine oder andere Eigenschaft von ihnen übernehmen, sie sind mir wichtig geworden auf meinem Weg, weshalb ich sie nicht vergesse. Wenn wir diese Übungen in meinen Kursen durchführen, kommen zum Vorschein: Lebende und Verstorbene, der Vater, die Mutter, Großmutter, Großvater und neben Verwandten auch Freunde, Bekannte, Künstler, Politiker, Wissenschaftler. Die Kirche hat eine ganze »Schatztruhe« solcher Menschen parat. Sie nennt sie Heilige.

Dem Mönch auf der Spur

Sich vom Vater lösen

PROLOG 1

Schauen wir also in das zweite Buch der »Dialoge« und damit auf das Leben Benedikts, wie Gregor der Große es uns darstellt. Er beschreibt darin das Leben Benedikts vom Anfang bis zum Schluss. Gleich zu Beginn geht es um die Herkunft seines Protagonisten:

> Benedictus stammte aus angesehenem Geschlecht in der Gegend von Nursia. Zu Ausbildung und Studium wurde er nach Rom geschickt. Dabei sah er viele in die Abgründe des Lasters fallen. Deshalb zog der den Fuß, den er gleichsam auf die Schwelle zur Welt gesetzt hatte, wieder zurück, damit nicht auch er von ihrer Lebensart angesteckt werde und so schließlich ganz in bodenlose Tiefe stürze. Er wandte sich also vom Studium der Wissenschaften ab und verließ das Haus und die Güter seines Vaters. Gott allein wollte er gefallen, deshalb begehrte er das Gewand gottgeweihten Lebens. So ging er fort: unwissend, doch erfahren; ungelehrt, aber weise.

Gregor portraitiert Benedikt von Anfang an als heiligen Mann. Sein Charakter und die moralischen Abgründe der Stadt Rom passen nicht zusammen. Daher kommt es zur ersten *fuga mundi* des jungen Mannes, zur ersten Flucht aus der Welt. Benedikt hat Angst, angesteckt zu werden, er will gesund bleiben. Er hat nicht das Gefühl, dass sein Leben in dieser Umgebung gelingen kann. So weit [illegible] so erwartbar in der Lebensbeschreibung eines Mönchs, könnte man sagen. Doch da gibt es ein Detail, das weitere Hintergründe preisgibt. Es ist die Rolle seines Vaters. Schauen wir uns die Motivation seiner ersten Schritte genauer an.

Benedikt geht nach Rom, um zu studieren. Von Nursia nach Rom waren es nur gute 150 Kilometer – und doch ein großer Sprung für den jungen Mann. Von der Provinz in die Großstadt. Von der Beschaulichkeit und Behütetheit des Landes in die Weite und Freiheit der Möglichkeiten. Aber Benedikt landet weich. Als er Rom verlässt, lässt er »Haus und Dinge des Vaters« zurück. Der Vater war also präsent in Benedikts Studienjahren mit seinem *Patrimonium*, sicher mit finanziellen Mitteln, vielleicht mit einem Haus. Heute wird dieses Haus mit der römischen Villa »San Benedetto in piscinula« in Trastevere identifiziert. Spannenderweise ist dies das einzige Mal, dass in der Vita Benedikts der Vater genannt wird, also nur ganz unscheinbar im Zusammenhang mit dessen Besitz. Wenn der Vater das Studium seines Sohnes finanzierte, dürfen wir davon ausgehen, dass dieses auch im Interesse des Vaters lag. Dann geschieht Einschneidendes: Nicht nur, dass Benedikt sich in Rom nicht wohlfühlt. Mit der Entscheidung, fortzugehen, löst er sich auch vom Vater, vielleicht von dessen Berufswunsch für Benedikt, sicher aber von dessen materieller Sicherheit. Die passive Formulierung »er wurde (nach Rom) geschickt« weist darauf hin, dass Benedikt in seinen Anfängen noch sehr fremdbestimmt war, bestimmt von den Wünschen seiner Eltern. So ein Schritt wäre auch heute noch radikal, denn die wirtschaftliche Sicherheit der Eltern ist für Kinder wieder essenziell geworden. Doch Benedikt entscheidet sich, diese Sicherheit hinter sich zu lassen, weil er eine tiefere Berufung spürt, weil er mehr er selbst werden will. Er weiß noch nicht wie, aber was er weiß: Auch wenn er ins Ungewisse geht – Rom und das Studium sind nicht sein Weg!

Dieser Schritt kann uns helfen, über die Beziehung zu unserem eigenen Vater nachzudenken. Ist sie geordnet und in Frieden? Ist sie emotional und verbunden mit Abwehr? Ist sie voller Bewunderung und Anerkennung? Will ich es meinem Vater recht machen? Oder steckt in dieser Beziehung von allem ein bisschen? Manche haben ihre Väter nicht kennengelernt oder nur wenig Kontakt mit ihnen gehabt. Nicht wenige haben »Second-Chance-Väter« gehabt, wie William Jerema sie einmal nennt. Das sind Männer, die etwas von der Rolle eines abwesenden Vaters übernommen haben. Und hoffentlich für uns alle hat sich in unserem Leben das Verhältnis zu unserem Vater entwickelt und ist nicht statisch geblieben, so, wie wir uns selbst entwickelt haben und so, wie unser Vater sich entwickelt hat. Am Beginn von Benedikts Leben kommt fast unbemerkt der Vater ins Spiel. Er spielt für unsere spirituelle und überhaupt menschliche Entwicklung eine wichtige und unverzichtbare Rolle – umso mehr, wenn wir es leugnen.

Benedikt folgt mit seinem Schritt konkret dem Aufruf Jesu: »Wer Vater oder Mutter mehr liebt als mich, ist meiner nicht würdig« (Matthäus 10,37; auch – noch stärker – in Lukas 14,26f), oder an anderer Stelle: »Jeder, der um meines Namens willen Häuser oder Brüder, Schwestern, Vater, Mutter, Frau, Kinder oder Äcker verlassen hat, wird dafür das Hundertfache erhalten und das ewige Leben gewinnen« (Matthäus 19,29). Um das eigene Leben zu finden, ist es wichtig, das zu verlassen, das von anderen bestimmt ist, selbst oder gerade vom eigenen Vater.

Betrachten wir die Szene für einen Moment noch einmal unter dem Aspekt des »Archetyps Vater«. Wir sprechen jetzt also nicht von diesem oder jenem konkreten Vater. Denn in diesem Sinn kann auch eine Frau väterlich sein oder ein Mann weniger väterlich. Der »Vater« hat einen Plan für seinen Sohn. Am liebsten hätte er, dass er so wird wie er selbst ist. Ähnliches gilt für seine Tochter. Es gibt nicht wenige Söhne und Töchter, die den gleichen Beruf ergreifen wie ihr Vater. Väter haben in dieser Hinsicht einen sehr großen Einfluss und eine große Prägekraft. Natürlich würde ein reifer Vater auch andere Wege für seine Kinder akzeptieren, aber er will sich im Grunde selbst reproduzieren. Dagegen ist nichts einzuwenden. Mit der Richtung, die der Vater vorgibt, stärkt er den Sohn, die Tochter. Allerdings – und hier kommt unsere Geschichte ins Spiel – muss sich das Kind eines Tages vom Vater lösen und seinen ganz eigenen Weg gehen. Auch in anderen Heiligenviten wird dieser Schritt beschrieben: Franziskus erklärt im Angesicht seines Vaters vor dem Bischof von Assisi, dass er auf sein nicht unbeträchtliches Erbe von nun an verzichtet. Dabei zieht er sich nackt aus, wie um zu zeigen, dass er nun ganz er selbst werden will. Anders als Benedikt tut er es öffentlich, um der Entscheidung noch mehr Nachdruck zu verleihen. Er tut es im Angesicht des Bischofs, als wolle er deutlich machen, dass es sich hier um einen heiligen Vorgang handelt, einen Vorgang zugunsten des eigentlichen Lebens, des Lebens, zu das Gott selbst ihn ruft. Das war auch die Voraussage Jesu: Man kann ihm nicht nachfolgen, wenn man immer noch an seinem Vater hängt.

Unser irdischer Vater ist nur der »kleine« Vater. Der Vater im Himmel hingegen ist der »große« Vater, der uns den kleinen gegeben hat, damit wir in dieses Leben kommen. Unser irdischer Vater aber ist nicht Gott. Wir sind gerufen, unser eigenes Leben zu leben und nicht das unseres Vaters. Unsere Berufung ist göttlichen Ursprungs und kann von unserem irdischen Vater weder bestimmt noch weggenommen werden. Wenn der Sohn oder die Tochter in die Fußstapfen des Vaters steigen, dann ist das möglich, aber nur, wenn es auf Dauer aus ganz freien Stücken geschieht.

Der Schritt der Loslösung vom Vater (und auch, wie wir sehen werden, der von der Mutter) ist deswegen so wichtig, weil es krank macht, wenn wir das Leben oder den Wunsch eines anderen leben oder ausagieren und nicht wir selbst sind. Benedikt spürt das intuitiv und reißt sich los. Von einem offenen Konflikt mit seinem Vater hören wir nichts. Entweder gab es ihn nicht oder Gregor sah ihn nicht als wichtig an. Die Loslösung vom Vater vollzieht sich nicht selten im Konflikt. Das mag in manchen Fällen durch die direktive Art des Vaters ausgelöst sein. Und das ist auch kein Problem, solange der Streit nicht für immer anhält oder der Konflikt sich chronisch in die Seele frisst. Die Loslösungsarbeit liegt auf der Seite des Sohnes. Ob der Vater den Weggang billigt, befürwortet, segnet, ablehnt oder bekämpft, ist zweitrangig. Hier geht es um den Sohn, die Tochter. Hier geht es nur um den Sohn, nur um die Tochter. Es geht darum, dass er oder sie seinen oder ihren Weg geht, egal, was andere denken. Darin besteht die Loslösung, darin besteht die Freiheit, die uns zu uns selbst befreit und für unsere Berufung und für Gott öffnet. Solange wir unseren Vater in seinem absoluten Auftreten mit Gott verwechseln, kann es nicht gut werden mit uns.

Ich möchte noch einmal wiederholen, dass ich hier idealtypisch spreche. Auch eine Mutter kann diesen Part des Vaters innehaben für den Sohn oder die Tochter. Aber es ist gut, wenn es wirklich der Vater ist. Er dient damit seinem Sohn, seiner Tochter.

Wer seine Selbstwerdung in diesem Sinn fördern will, kann sich einige Fragen zur Meditation stellen:

- Wenn ich an meinen Vater denke:
  Wofür bin ich dankbar?
- Wenn ich an meinen Vater denke:
  Was macht mich wütend oder traurig?
- Wenn ich an meinen Vater denke:
  Was habe ich vermisst?

Wenn wir all diese Fragen mit innerer Ruhe und Dankbarkeit beantworten können, dann sind wir losgelöst von unserem Vater. Wenn noch stärkere Emotionen da sind, können wir weiter an der Loslösung arbeiten und Gott bitten, dass er uns dabei helfe. Diese Betrachtung ergibt selbst dann Sinn, wenn unser Vater schon gestorben ist. Denn der Ärger oder die Traurigkeit können den Tod unseres Vaters überdauern. Die gesunde Loslösung von ihm ist jedenfalls archetypisch der erste Schritt zur Selbstwerdung, zum Mönch in uns selbst.

Sich von der Mutter lösen

KAPITEL 1,1-3

Benedikt verlässt Rom. Aber er geht nicht allein. Jemand begleitet ihn. Freundlich, sorgend, zärtlich, vielleicht auch zuweilen bestimmend - er ist noch ein junger Mann! - ist die Amme an seiner Seite. Wir wissen nichts über Benedikts Mutter, und es war nicht unüblich im Adel, die Kinder von Ammen aufziehen zu lassen. Auf jeden Fall ist es eine Frau, eine mütterliche Person, die ihn begleitet. Und so, wie in der Geschichte in Rom der Vater eine Rolle spielte, erzählt die Geschichte nun ausführlich von dieser mütterlichen Person. Weniger von Benedikt selbst. Das ist ein Bild: Schicht für Schicht schält sich ab, was oder wer Benedikt nicht ist. Schicht für Schicht kommt seine wahre Berufung zum Vorschein.

Wir könnten dieses Buch auch unter diesem Aspekt lesen: Wie wir uns am besten von den Erwartungen der anderen lösen. Wir sind mehr als die Erwartungen der anderen. Benedikt ist mehr als die Erwartung seines Vaters. Sie ist Teil von ihm - ja, aber nicht alles. Unser Leben ist bestimmt durch die Erfüllung der Erwartungen anderer. Und das ist zunächst gar nicht negativ gemeint, sondern im soziologischen Sinn, nach dem eine Rolle sich über die Erwartungen der anderen definiert. Ich bin - Mutter, Lehrer, Ehemann, Hausbesitzer, Nachbar, Staatsbürger, Vereinsmitglied ... Überall habe ich einen anderen »Hut« auf: viele haben wir gleichzeitig auf, andere ergänzen sich gegenseitig, oft tragen wir sie gern, oft ungern, das alles ist normales Leben. Aber wir dürfen unseren inneren Kern nicht mit diesen Rollen verwechseln. Wir sind mehr als sie. Eigentlich sind wir gar nicht diese Rollen. Denn sie können sich verändern. Unsere göttliche Berufung nicht. Benedikt ist auf einen Weg geführt, auf dem sich Erwartungen auflösen und er als der Mensch, wie er von Gott geschaffen wurde, zum Vorschein kommt.

Hier also tritt die Mutter archetypisch in den Vordergrund. Sie macht einen Fehler: Sie lässt ein Sieb fallen. Keine große Sache, aber es wird eine große Sache daraus, weil die Gesamtkoordinaten der Verhältnisse nicht mehr stimmen.

> Er gab also das Studium der Wissenschaften auf und war entschlossen, in die Einsamkeit zu gehen. Nur seine Amme, die ihn sehr liebte, folgte ihm. Sie kamen nach Effide und blieben bei der Kirche des heiligen Petrus. Dort führten viele angesehene Männer ein Leben in Gemeinschaft. Die Amme erbat sich nun von Nachbarinnen ein Sieb, um Weizen zu reinigen, und ließ es unbekümmert auf dem Tisch liegen. Es fiel hinunter und zerbrach in zwei Stücke. Als die Amme zurückkam, bemerkte sie sofort, was geschehen war. Da begann sie heftig zu weinen, weil das Gerät, das sie ausgeliehen hatte, zerbrochen war. Als der junge Benedikt seine Amme weinen sah, hatte er Mitleid wegen ihres Kummers. Er nahm beide Teile des zerbrochenen Siebes und begann unter Tränen zu beten; denn er war fromm und liebevoll. Als er vom Gebet aufstand, fand er das Sieb neben sich unversehrt; es zeigte keine Spuren eines Bruches. Sogleich tröstete er die Amme mit freundlichen Worten und gab ihr das Sieb, das er zerbrochen an sich genommen hatte, unversehrt zurück. Dieses Ereignis wurde dort allen bekannt und erregte solche Verwunderung, dass die Einwohner des Ortes das Sieb beim Eingang zur Kirche aufhängten. Jetzt und später sollten alle erfahren, wie vollkommen der junge Benedikt in der Kraft der Gnade sein Mönchsleben begann. Viele Jahre war das Sieb dort vor aller Augen und hing noch bis zur Zeit der Langobarden über der Kirchentür. Benedikt aber wollte lieber die Drangsale der Welt erfahren als ihr Lob, sich lieber in harter Arbeit für Gott abmühen, als durch Gunst und Erfolg im Leben berühmt werden. Deshalb verließ er heimlich seine Amme und zog sich an einen einsamen Ort zurück, der Subiaco heißt, ungefähr vierzig Meilen von Rom entfernt. Dort entspringt eine starke Quelle mit frischem, klarem Wasser. Es sammelt sich in einem weiten See und wird dann zu einem Fluss.

Benedikt hat hier noch die Naivität eines Kindes. Wie oft retten Kinder mit ihrem Lachen, ihrem Weinen, ihren Bemerkungen die Situation? Der Psychoanalytiker und Familientherapeut Bert Hellinger sagte, Kinder können nicht anders als ihre Eltern lieben. Das tun sie, weil sie von ihnen das Leben geschenkt bekommen haben. So ist es auch hier: Aus Liebe macht Benedikt das Sieb wieder ganz. Das Sieb könnte man als ein weibliches Symbol deuten, als den Schoß. Die Symbiose zwischen Mutter und Kind zerbricht an dieser Stelle. Zunächst aber macht Benedikt alles wieder heil.

Es geschieht nicht selten, dass Kinder aus Liebe zu ihren Eltern Dinge kitten, die die Eltern zerbrochen haben. Ich kenne eine junge Frau, die jahrelang die Ehe ihrer Eltern zusammengehalten hat. Als sie diese Funktion nicht mehr wahrnahm, gingen die Eltern auseinander. Sie hat damit eine Aufgabe übernommen, die eigentlich nicht ihre war, denn es ist die Sache der Eltern, für ihre Beziehung zu sorgen. Auch eine Geschichte aus meinem eigenen Leben kommt mir in den Sinn: In unserer Familie wurde viel musiziert. Das aber passte unserem Nachbar nicht, der in der anderen Doppelhaushälfte wohnte. Daraus entstand ein veritabler Streit, und obwohl wir uns bei den Übezeiten einschränkten, drohte der Nachbar sogar mit dem Rechtsanwalt. Er klopfte an die Wand, legte seinerseits laute Musik auf. Die Stimmung im Haus wurde ziemlich unerträglich. Eines Tages machte ich mich als etwa Zehnjähriger auf und klingelte an der Tür des Nachbarn. Ich wollte, dass wir Frieden schließen. Die Nachbarn aber wiesen mich nur ab. Ich erinnere mich noch genau, dass sich das alles sehr eigenartig anfühlte; ich bemerkte, dass hier etwas nicht stimmte. Wie hätte ich als Kind den Streit schlichten können, der doch zwischen den Erwachsenen herrschte? Anders als Benedikt war ich auch nicht in der Lage, ein Wunder zu wirken.

Eigenartige Gefühle bekomme ich auch, wenn ich manchmal Alleinerziehende mit ihren Kindern sehe. Ich habe höchsten Respekt vor ihnen, ihrer Leistung als Eltern, als Berufstätige. Sie verdienen jede Unterstützung und Wertschätzung. Manchmal erlebe ich aber, dass sie ihre Kinder wie ihre Partner behandeln. Diese »ersetzen« dann, was bei den Erwachsenen fehlt. Damit werden die Kinder überfordert. So sehr man es verstehen kann, ist es doch übergriffig. Kinder aber sind so, sie lassen es geschehen - aus Liebe. So auch Benedikt.

Am Anfang stand ein zerbrochenes Haushaltsgerät, am Ende gibt es da einen Verehrungsclub des heiligen Benedikt, durch den auch die Amme an Bedeutung gewonnen haben dürfte. Benedikt aber hat hier etwas getan, was nicht seine Aufgabe war, und er spürt es. Er geht davon. Wieder einmal: *fuga mundi*. Der nächste Schritt zum Mönchsein.

Wie löst sich Benedikt von der mütterlichen Figur? Er stiehlt sich heimlich davon (*occulte fugiens*). Warum tut er es heimlich? Ich denke, aus zwei Gründen: Zum einen will er der Amme nicht wehtun. Zum Zweiten scheint es schwerer zu sein, offen wegzugehen. Die Loslösung von den Eltern darf und kann nie ein Abreißen, ein Wegstoßen sein. »Ehre deinen Vater und deine Mutter« (Exodus 20,12), das vierte Gebot Gottes hat seine Gültigkeit. Es geht nicht um einen Bruch, sondern um Lösung. Das heißt: in Kontakt, aber doch frei sein. In der Loslösung von der Mutter gibt es dann noch ein Spezifikum, denn Mütter haben die Tendenz, festzuhalten. Noch einmal: Ich spreche in archetypischem Sinn und nicht über konkrete Mütter. Die Mutter ist die Person, die das Leben schenkt, die einen Menschen hervorbringt. Und sie lernt schon vor der Geburt: Das Kind braucht mich, es kann ohne mich nicht leben. Und sobald das Kind auf der Welt ist, erfährt sie wiederum: das Kind braucht mich, es kann ohne mich nicht leben. Diese Erfahrung ist tief in ihr eingeschrieben. Eine Mutter geht bis ans Ende der Welt, um bei ihrem Kind zu sein, wenn es sein muss. Es gibt da keine Grenzen. Sie liebt unbedingt. Egal, was das Kind tut, egal, was es ausfrisst, die Mutter hört nie auf, es zu lieben: »Kann denn eine Frau ihr Kindlein vergessen, eine Mutter ihren leiblichen Sohn?« (Jesaja 49,14).

Im Sinn des Initiations- und Individuationsweges ist die Loslösung vom Vater leichter, weil wir mehr Abstoßungsmöglichkeit haben: Du willst das, Vater, aber ich will etwas anderes. Wir können uns besser reiben. »Mein Kind«, sagt die Mutter, »was auch immer du tust, ich werde dich lieben.« Was soll man jetzt tun? Hätte Benedikt zur Amme gesagt: »Morgen gehe ich fort«, wäre sie ihm natürlich nachgegangen. Das wollte Benedikt aber nicht. Deshalb schleicht er sich heimlich davon. Einer Mutter kannst du nur so entkommen, ohne sie zu verletzen. Sie kann nicht anders, als dich immer und überall zu lieben. Nun aber ist der junge Benedikt nicht mehr dazu da, der Hilfsbedürftigkeit der Mutter zu dienen, sondern geht seinen eigenen Weg.

Die Loslösung von Vater und Mutter ist nicht nur für den Mönch wichtig, sondern für jeden Menschen. Wenn ein Paar zum Beispiel eine neue Familie gründen möchte, muss die Liebe und Solidarität untereinander stärker sein als die zur Herkunftsfamilie, sonst ergeben sich große Schwierigkeiten, wie der Therapeut Fritz Riemann in seinem Buch »Die Fähigkeit zu lieben« betont. Das Sich-Lösen von der Herkunftsfamilie beinhaltet auch ein Sich-Distanzieren von den Narrativen, die die Familie über mich hat. Wenn ich dort auch immer »der Schwache«, der »Zweitgeborene«, der »Außenseiter«, der »Introvertierte« oder was auch immer bin, der Mönch in mir hilft mir dabei, mich davon zu lösen und mein Leben zu leben!

Auch zur Loslösung von der Mutter können uns diese Fragen zur Selbstreflexion helfen:

- Wenn ich an meine Mutter denke:
  Wofür bin ich dankbar?
- Wenn ich an meine Mutter denke:
  Was macht mich wütend oder traurig?
- Wenn ich an meine Mutter denke:
  Was hat mir gefehlt?

Sich von der Selbsterlösung lösen

KAPITEL 1,4-5

So schleicht er also davon, der junge Benedikt. Er trifft einen Mönch namens Romanus. Und der zeigt ihm den Weg. Er wird für ihn wie ein Vater, wie eine Mutter. Das ist typisch auf dem spirituellen Weg: Was ich aufgegeben habe, bekomme ich wieder zurück, manchmal hundertfach, wie es Jesus beschrieben hat: »Und jeder, der um meines Namens willen Häuser oder Brüder oder Schwestern oder Vater oder Mutter oder Kinder oder Äcker verlassen hat, wird dafür das Hundertfache erhalten und das ewige Leben erben« (Matthäus 19,29). Einmal fragt Jesus seine Jünger: »Als ich euch ohne Geldbeutel aussandte, ohne Vorratstasche und ohne Schuhe, habt ihr da etwa Not gelitten?« Die Jünger antworteten: »Nein« (Lukas 22,35).

Auf der Flucht nach Subiaco traf Benedikt unterwegs einen Mönch namens Romanus und fragte ihn, wohin er wolle. Als dieser den Wunsch Benedikts erfuhr, leistete er ihm Hilfe, ohne mit jemand anderem darüber zu sprechen. Er gab ihm das Gewand gottgeweihten Lebens und stand ihm bei, soweit er konnte.

An dem genannten Ort angekommen, zog sich der Mann Gottes in eine ganz enge Höhle zurück und blieb dort drei Jahre. Kein Mensch außer dem Mönch Romanus wusste etwas davon.

Romanus lebte nicht weit entfernt in einem Kloster unter der Regel des Abtes Adeodatus. In guter Absicht verschwand er ohne Wissen seines Abtes an bestimmten Tagen für einige Stunden und brachte Benedikt das Brot, das er sich vom Munde absparen konnte.

Vom Kloster des Romanus führte aber kein Weg zur Höhle Benedikts, weil der Fels oberhalb der Höhle steil aufragte. Romanus ließ daher das Brot immer von diesem Felsen an einem langen Seil hinab; an dem Strick befestigte er auch eine kleine Glocke, damit der Mann Gottes an ihrem Klang erkennen konnte, dass ihm Romanus das Brot brachte. Dann kam er heraus, um es anzunehmen. Doch der alte Feind blickte mit Neid auf die Liebe des einen und auf die Stärkung des anderen. Als er eines Tages sah, wie das Brot herabgelassen wurde, warf er einen Stein und zerschlug die Glocke. Romanus ließ sich aber nicht davon abbringen, nach Kräften zu helfen.

Ich habe versucht, mir die Szene genau vorzustellen. Dabei kam mir eine Frage: Wer hat in dieser Geschichte eigentlich den Stein geworfen? Die offensichtliche Antwort ist, so wie es die Geschichte selbst beschreibt: »der alte Feind«, das ist eine andere Formulierung für »der Teufel«. Aber wer oder was ist der Teufel? Haben Sie schon einmal ein kleines Männchen herumspringen sehen, vielleicht mit Hörnern, vielleicht nach Schwefel stinkend? Ich möchte es nicht ausschließen. Der Teufel aber ist ein Bild für eine innere Realität; er steht für das Destruktive im Menschen, für die Entscheidungen, die wir treffen, die uns aber im Endeffekt schaden. Wer hat also den Stein geworfen, denn nur zwei Menschen finden sich in der Szene: Benedikt und Romanus.

Eine andere Deutungsmöglichkeit geht davon aus, dass sich der Teufel hier der Natur bediente, sodass sich ein Felsbrocken löste. Auch das kann man nicht ausschließen, dass das Böse sich in Naturereignissen manifestiert. Mir liegt es aber näher und es scheint mir für die Interpretation ergiebiger, wenn wir jemanden suchen, der wirklich »werfen« kann, wie der Text sagt. Auch wenn es sich auf den ersten Blick für eine Heiligengeschichte vielleicht verbietet, ergibt es Sinn, wenn wir in Benedikt selbst den suchen, der hier den Stein warf. Aber warum hat er das Glöckchen zertrümmert?

Die Glocke ist ein Instrument der Kommunikation. Romanus hat sie sehr feinfühlig und respektvoll aufgehängt, denn er nimmt die Klausur des jungen Mönchs sehr ernst und will ihn in der Höhle nicht stören. Gleichzeitig weiß er, dass er auf seine Hilfe in Bezug auf Nahrung angewiesen ist. So platzt er nicht einfach in die Höhle, sondern hält Abstand, klingelt und lässt dann am Korb die Spaghetti oder was immer es gab, herab. Die beiden mussten nicht einmal sprechen miteinander, so wurde das Schweigen des Mönchs nicht unterbrochen.

Jeder von uns braucht eine solche Klausur. Es ist die Höhle in uns, der Ort, an dem wir ganz allein sind und die Chance haben, zu uns selbst zu kommen. Es braucht Menschen, die diese Grenzen respektieren und sich nicht einmischen. Warum zerstört Benedikt die Glocke also, obwohl er doch auf diese Form der Hilfe angewiesen war? Weil er in ein Extrem verfallen war. Er hat voll Freude erlebt, welche Freiheit er geschenkt bekommt, wenn er sich vom Vater und dessen Willen und von der Mutter und ihrem Einfluss abnabelt. Das war der Weg, um sich und Gott zu finden. Nun wollte er das mit vollstem Einsatz fortführen. Wofür brauchte er noch Romanus und dessen Hilfe? Auch dieser wollte er sich entledigen. Aber das war zu viel.

Wir sehen hier, wie sich Benedikt von der fixen Idee lösen muss, dass man andere nicht braucht im eigenen Leben, dass man losgelöst von allem und allen leben könnte. Es ist die klassische Versuchung eines Novizen, die Benedikt später in seiner Regel beschreibt. Dort spricht er vom »Erstlingseifer« (vgl. RB 1,3). Ich erinnere mich, dass mir meine Eltern einmal im Noviziat ein Kleidungsstück als Geschenk mitgebracht hatten. Ich mochte das überhaupt nicht. Ich wusste, das Kloster wird jetzt für mich sorgen. Es stand auch in der Benediktsregel, dass man gar nichts ohne die Erlaubnis des Abtes annehmen dürfe (vgl. RB 54). Ich brauchte nichts! Das wollte ich ihnen auch zeigen. Mein Abt aber beruhigte mich: »Du kannst es ruhig annehmen.« Hier merkte ich, dass ich zu weit gegangen war.

Benedikts Weg in die Höhle ist ein extremer Weg. Indem er mit dem Extrem in seinem eigenen Innern konfrontiert wird, lotet er seine Grenzen aus. Und nur wer seine Grenzen kennt, kann auch seine Mitte kennenlernen. Benediktiner sind, wenn es gut geht, balancierte Menschen. Nichts im Übermaß. Das Maß ist eine sehr wichtige Kategorie in ihrem Leben, es ist die »Mutter aller Tugenden«, wie Benedikt später schreibt (vgl. RB 64,19). Auch die Askese und der Verzicht können übertrieben werden; sie haben dann nichts mehr mit Gott zu tun, führen nicht zu ihm und meiner Berufung, stattdessen geht es weiterhin nur um mich selbst. Was im Gewand der Frömmigkeit daherkommt, kann dann Ausdruck eines destruktiven Geistes sein.

Auch von der Vorstellung, dass er sich durch Ablösung von allem vollkommen erlösen könne, musste Benedikt sich lösen. Der Mönch macht sich auf den Weg, weil er nur noch Gott haben will, fern von der Welt. Er denkt zunächst, dass die Welt ihm nur schade und dass er sie nicht mehr brauche, weil er ja Gott hat, der ihm alles Nötige gibt. Auf diesem Weg entdeckt er aber, dass er Mensch ist und dass er als Mensch andere Menschen braucht. In diesem Fall braucht Benedikt Romanus, seinen guten »Novizenmeister« und Mentor, der sich das Essen vom Mund abspart und es treu, respektvoll und liebend dem jungen Mönch zur Höhle bringt. Zum Glück setzte er diese respektvolle Hilfe fort; er wollte nicht, dass sich der junge Mann zu Tode hungert.

Es ist keine leichte Aufgabe auf dem spirituellen Weg, sich von der Fixierung auf das Sich-Lösen zu lösen. Das gilt für jede Art von nichtmateriellen Zielen, das gilt für alle, die etwas aus voller Überzeugung tun, sei es, dass sie sich der Ökologie verschrieben haben oder der gesunden Ernährung oder andere Ideale haben. Die religiöse und speziell die christliche Perspektive hilft dabei, bescheiden zu bleiben und zuzugeben, dass man es nicht allein kann und auf die Hilfe von anderen angewiesen ist, vielleicht sogar von denen, die man nicht mag, oder von einer höheren Macht. Benedikt schreibt einmal einen sehr provokanten Satz, mit dem ich lange nichts anfangen konnte: »Sieht man bei sich etwas Gutes, es Gott zuschreiben, nicht sich selbst. Vom Bösen aber immer wissen, dass man es selbst begangen hat, und es sich selbst zuschreiben« (RB 4,42–43). Man könnte hinter dieser Aussage ein ungesundes Menschenbild vermuten. Das Gegenteil ist jedoch der Fall: Es hebt den Menschen in eine ungeahnte Freiheit der Entscheidung. Es ist irgendwie typisch, dass wir das Böse immer zuerst bei den anderen sehen, andere zum Sündenbock erklären, selten aber uns selbst. Dabei findet sich das Potenzial zur Veränderung bei mir selbst – mit Gottes Hilfe. Kein Wunder, dass wir deshalb Bilder für den Teufel suchen wie hier in dieser Geschichte, diesen damit gleichsam »outsourcen« und ihn uns gerne als eine Kraft außerhalb unserer selbst vorstellen. Auch Jesus weist einmal auf diese typisch pharisäische Versuchung hin: »Nichts, was von außen in den Menschen hineinkommt, kann ihn unrein machen, sondern was aus dem Menschen herauskommt, das macht ihn unrein« (Markus 7,15–16).

Schließlich begegnen wir hier auch generell einer Dynamik des Menschen, der angetreten ist, Gutes zu tun. Jesus beschreibt sie so: »Wenn ein unreiner Geist aus dem Menschen ausfährt, durchwandert er wasserlose Gegenden, um eine Ruhestätte zu suchen, findet aber keine. Dann sagt er: Ich will in mein Haus zurückkehren, das ich verlassen habe. Und er kommt und findet es sauber und geschmückt. Dann geht er und holt sieben andere Geister, die noch schlimmer sind als er selbst. Sie ziehen dort ein und lassen sich nieder. Und die letzten Dinge jenes Menschen werden schlimmer sein als die ersten« (Lukas 11,24–26). Es gibt also keinen Grund, Benedikt zu verübeln, was ihm hier passiert ist. Es ist eher ein Zeichen dafür, dass er auf dem richtigen Weg war.

Der Entwicklungsschritt, sich von der Vorstellung zu lösen, sich selbst erlösen zu können, hilft einerseits, die eigenen Entscheidungen ständig zu reflektieren. Es bewahrt uns andererseits vor Einseitigkeiten und Extremen. Das Leben Benedikts zu diesem Zeitpunkt war extrem, da er einem sehr hohen Ideal nacheifert, »nur Gott zu gefallen«. Gleichzeitig ist es seine eigene Begrenztheit, die ihn dafür öffnet, sich das Wesentliche schenken zu lassen.

Sich von der Kirche lösen

KAPITEL 1,6–7

Viele Menschen wenden sich von der Kirche ab. Das hat verschiedene Gründe. Ich kenne nicht wenige, die eine Phase in ihrem Leben hatten, in der sie mit Gott und Kirche nicht mehr viel anfangen konnten. Es waren notwendige, wenn auch manchmal spannungsreiche Phasen, in denen sie sich von den Eltern und der Kirche, so wie sie sie kennengelernt hatten, lösen mussten. Später - nach nur kurzer Zeit oder auch nach einigen Jahren, wenn sie selbst Kinder bekamen, oder aber erst nach sehr vielen Jahren - fanden sie zur Kirche zurück. Weil sie jetzt vieles neu und tiefer verstehen. Die Ablehnung oder das Loslassen hatte unter Umständen nicht nur der Kirche gegolten, sondern auch dem Bild, das sie von ihr hatten.

Benedikt geht es nicht anders. Das ist erstaunlich, gerade wenn man bedenkt, dass der Autor seiner Lebensbeschreibung ein Papst war, der uns diese Phase in Benedikts Leben nicht verschweigt. Man sollte meinen, dass er alles vermeiden will, was eine Identifikation mit der Kirche verhindern könnte. Dem ist aber nicht so.

> Da wollte der allmächtige Gott Romanus von seiner Mühe ausruhen lassen und das Leben Benedikts den Menschen als Beispiel vor Augen führen. Wie ein Licht sollte er auf den Leuchter gestellt werden, hell brennen und allen im Haus leuchten.
>
> Darum offenbarte sich der Herr einem Priester, der weit entfernt wohnte und sich am Osterfest ein Mahl zubereitete. Der sagte zu ihm: »Du bereitest dir hier Köstlichkeiten und mein Diener wird dort vom Hunger gequält.«
>
> Sofort stand der Priester auf und machte sich noch am Osterfest mit den Speisen, die er für sich zubereitet hatte, auf den Weg. Er suchte den Mann Gottes in den steilen Felsen, in den Talgründen und in den Schluchten. Schließlich fand er ihn in der Höhle verborgen.

Sie beteten miteinander, priesen den allmächtigen Herrn und setzten sich nieder. Nach beglückendem Gespräch über das wahre Leben sagte der Priester, der gekommen war: »Auf! Wir wollen Mahl halten, denn heute ist Ostern.« Der Mann Gottes gab zur Antwort: »Gewiss! Es ist Ostern, denn ich durfte dich sehen.« Er wusste nämlich nicht, dass auf jenen Tag das Osterfest fiel; so weit hatte er sich von den Menschen entfernt. Der ehrwürdige Priester versicherte ihm aufs Neue: »Heute ist Ostern, der Tag der Auferstehung des Herrn. Da darfst du nicht fasten; denn dazu bin ich gesandt, dass wir gemeinsam die Gaben des allmächtigen Herrn genießen.« Da priesen sie Gott und hielten Mahl. Nach dem Essen und dem Gespräch kehrte der Priester zu seiner Kirche zurück.

Der Beginn der Geschichte ist durchaus kirchenkritisch: Der junge Benedikt schmachtet, der Priester schmaust. Mir kommt hier auch die heutige Situation in den Sinn. Der Spalt, die Sprachlosigkeit, die in manchen Gegenden der Welt zwischen der Kirche und vielen Gläubigen herrscht. Die Kirche hätte etwas zu geben, tut es aber nicht. Und die Menschen bräuchten es. Es ist Gott selbst, der den Priester hier in Bewegung bringt. Und dieser macht sich tatsächlich treu auf den Weg. Es ist gar nicht leicht, den jungen Verrückten in der Wildnis aufzuspüren. Aber er findet ihn. Und das alles am Ostersonntag Nachmittag, an dem ein Kleriker sich normalerweise von den Anstrengungen der Osterfeierlichkeiten erholt.

Dann folgt die umso erstaunlichere Bemerkung: Benedikt hat vergessen, dass es Ostern ist. Wie konnte der, der ausgezogen war, Gott zu suchen, vergessen, wann Ostern ist? Es ist schließlich das höchste Fest der Kirche, an dem das zentrale Geheimnis des christlichen Glaubens, der Tod und die Auferstehung Jesu Christi, gefeiert wird. Ich glaube erneut, dass es sich hier um ein historisches Ereignis handeln muss, sonst hätte der Papst die peinliche Erinnerung verschwiegen. Aber sie ergibt Sinn im Gesamt des Weges Benedikts, der ein Weg des Loslassens, des Sich-Loslösens ist. Benedikt hat sich hier von der Kirche gelöst. Denn es ist die Kirche, die den Zeitpunkt für die Osterfeierlichkeiten bestimmt. Benedikt ist so weit weg von ihr, von der

Gemeinschaft der Gläubigen, dass er an dieser zentralen kirchlichen Feier nicht mehr teilnimmt. Wenn Benedikt den Termin nicht mehr präsent hat, bedeutet das, dass er sich nicht von Christus, aber von der Kirche gelöst hat.

Zum Glück erinnert ihn der Priester daran. Benedikts Antwort indes ist wiederum erstaunlich: »Ja, es ist Ostern, weil du da bist.« Warum mag Benedikt das so empfunden haben? Wir müssen bedenken, wo er sich befand. In der Höhle ist dunkel, feucht und kalt. Die Höhle ist wie ein Grab. Benedikt wollte der Welt und sich selbst sterben, um für Gott zu leben. Der erste Mensch, den er nach drei Jahren sehen, hören, sprechen durfte, war der Priester. Das war Ostern für ihn! Das war Auferstehung. Das war neues Leben. In der Gestalt des Priesters kam Jesus zu ihm. Und dann hielten sie Mahl miteinander – ein tiefes Symbol von Gemeinschaft. Nach einer langen Zeit der Einsamkeit erlebte er das erste Mal wieder Gemeinschaft, wie es ist, sich mit einem anderen Menschen zu unterhalten, mit ihm gemeinsam zu essen. Ostern und das neue Leben an Ostern hat Jesus stets mit einem gemeinsamen Mahl zum Ausdruck gebracht. Hier geschieht genau das: »Es ist Ostern, weil du da bist.«

Nach dem deutschen Philosophen Heinrich Rombach unterscheidet man in der Phänomenologie zwei verschiedene Weisen der Erfahrung: die analoge und die originäre. Die analoge Erfahrung ist die, die ich vermittelt bekomme: Meine Eltern erzählen mir, so und so ist es, und ich nehme es so wahr, weil mir die Eltern es so gesagt haben. Die Kirche erklärt mir dieses und jenes Glaubensgeheimnis oder Gebot, und ich glaube und erlebe es, weil sie es vermittelt hat. Die originäre Erfahrung dagegen ist die, die ich selbst von innen mache, ohne jede Vermittlung und Hilfe von außen. Ich selbst begreife das Geheimnis von innen her, von seinem Ursprung her (*origo*). Weil ich im Geheimnis bin, weil ich es selbst erlebe. Die Kirche möchte eigentlich diesen Schritt tun: die Menschen in das Geheimnis führen. Bis ich es aber von innen ergreifen kann – das ist ein unverdientes Geschenk! –, darf sie es vermitteln. Zu dieser Vermittlung gehört zum Beispiel die Festlegung von Festterminen. Wann ist also Ostern? Streng genommen feiert die Kirchen jeden Sonntag Ostern. Noch genauer genommen, während jeder Eucharistiefeier, die an den Tod und die Auferstehung Jesu erinnert. Diese Feste sind aber nur Erinnerungen und Vergegenwärtigungen dessen, was immer ist, was überall ist, unabhängig von Raum und Zeit und dem Individuum. Deshalb konnte in dem Moment Ostern sein, als Benedikt Besuch vom Priester bekam.

Die Benediktiner wissen das genau. Ausgerechnet sie, deren Gründer vergessen hatte, wann der Ostertermin ist, sind Meister des liturgischen Feierns geworden. In seiner Regel schreibt Benedikt sehr häufig von Ostern und ordnet von diesem Fest ausgehend die ganz Liturgie. Die Benediktiner feiern besonders treu Feste und Gedenktage des Kirchenjahres – nicht selten jedoch auch ohne diese alle von innen verstanden zu haben. Das ist menschlich. Und wir Mönche wissen um die Gefahr, dass Rituale ritualistisch werden. Man nimmt an der Liturgie teil, ohne etwas zu verstehen, ohne etwas zu spüren. Die Höhlengeschichte Benedikts ist uns ein Ansporn, nach der eigentlichen Erfahrung zu suchen. Was bedeutet es, dass Maria in den Himmel aufgenommen wurde? Was meint das Geheimnis der Epiphanie? Was ist Karfreitag – für die Welt, für mich? Bis dahin aber, bis wir das von innen her verstanden haben, brauchen wir wiederholt all die Feste. Und dafür brauchen wir ein ganzes Leben.

Viele Menschen sitzen heute dem Missverständnis auf, die Liturgie, die Gottesdienste müssten immer aufregend oder ansprechend sein und ihnen »etwas geben«. Nein, oft reicht es, sie zu zelebrieren, und in der Wiederholung werden sich mir die Geheimnisse aufschließen. Das ist meine Erfahrung. Wie wenig habe ich »verstanden«, als ich Anfang zwanzig war. Wie viel mehr verstehe ich jetzt, weil ich im Leben selbst die Erfahrung gemacht habe, die in der Liturgie zelebriert wird. Manchmal hat man einfach noch keine solche Erfahrung gemacht – das sollte man nicht der Kirche vorwerfen. Im Gegenteil, man sollte ihr dankbar sein, dass sie durch ihre Liturgie und ihre Dogmatik die Erinnerung an Erfahrungen wachhält, die auch ich machen kann und die auch für mich gedacht und wahr sind. Für mich ist in diesem Sinn jedes Ostern, jedes Weihnachten, jedes Pfingsten ein Abenteuer. Was lerne ich jetzt Neues? Zudem: Während des Jahres mache ich Pfingsterfahrungen, weil ich das schon einmal gefeiert habe.

Die Kirche will dienen, zu Gott zu gelangen. In den Bildern des Neuen Testaments wird sie zum Beispiel mit dem Leib Christi verglichen. Christus ist »der Mittler zwischen Himmel und Erde«. So will die Gemeinschaft der Gläubigen, die die Erinnerung an die Geheimnisse wachhält, helfen, zu Gott zu kommen. Benedikt ist diesen Weg gegangen. Er hat die Ostererfahrung gemacht und ein Priester hat sie ihm aufgeschlossen. Aber der Priester konnte ihm nicht abnehmen, die Erfahrung zu machen. Da sind wir alle unvertretbar.

Die Loslösung vom Vater, von der Mutter setzt sich für Benedikt fort in der Loslösung von Mutter Kirche. In der Tradition wird die Kirche oft mit einer Mutter verglichen (Irenäus von Lyon, Cyprian von Karthago). Sie bringt Leben hervor. Die Kirche bringt Gläubige hervor und will sie nähren und erziehen. Irgendwann aber dürfen die Christen erwachsen werden in dem Sinn, dass sie vertrauensvoll selbst in das Geheimnis gehen, das die Kirche verkündet.

Manche nutzen die Kirche als Mutter in einer unreifen Weise. Für eine Weile ist das ganz in Ordnung. Das Kloster ist Schutzraum, so wie die Mutter auf einen achtgibt. Aber ich bin gerufen selbstständig zu werden. Ob ich noch von Mutter Kirche in einer ungesunden Weise abhängig bin, erkenne ich daran, dass ich sie entweder glorifiziere oder ständig beschimpfe. Dann bin ich noch nicht losgelöst. Sie will Mittlerin sein. So können auch wir uns fragen:

- Wenn ich an die Kirche denke:
  Wofür bin ich dankbar?
- Wenn ich an die Kirche denke:
  Was macht mich wütend oder ärgert mich?
- Wenn ich an die Kirche denke:
  Was habe ich vermisst?
- Wenn ich mich als Teil der Kirche sehe:
  Wie könnte ich mich dort mehr einbringen?

Sich von der Kultur lösen

KAPITEL 1,8

Mir scheint, dass die Schritte der Loslösung für Benedikt immer schwieriger werden. Denn seine Reise geht nach innen, und je weiter innen wir sind, desto schwieriger ist es, uns von uns selbst zu lösen – bis wir ganz bei Gott und in Gott sind. In diesem Sinn habe ich den Eindruck, dass es leichter ist, sich vom Vater oder väterlichen Figuren in unserem Leben zu lösen. Ein guter Vater möchte, dass sein Sohn, seine Tochter in die Welt hinaus geht und glücklich ist. Schwieriger ist es schon, sich von der Mutter oder mütterlichen Personen zu lösen, die uns das Leben gegeben haben oder uns nähren. Wieso sollten wir uns von dieser Nabelschnur abschneiden? Das Entgrenzende, das Mütter haben können, macht eine Ablösung schwer. In dieser Logik ist es interessant zu beobachten, wie Gregor der Große die nächsten Schritte für Benedikt komponiert. Ohnehin scheint mir, dass wir es hier womöglich weniger mit einer historisch akkuraten Beschreibung der Abläufe zu tun haben, sondern eher mit einer typologischen Beschreibung von Schritten der Selbstwerdung des Menschen. Es sind Lebensbilder der Initiation, die hier vorgestellt werden. Sich zu lösen von der Kirche oder von dem Sinnsystem, das wir von den Eltern empfangen haben, scheint in dieser Hinsicht schwieriger zu sein, als sich von den konkreten Eltern zu lösen. Denn es geht um Glaubenssätze. Der nächste Schritt mag ebenso überraschen, denn es handelt sich dabei um die Loslösung von der eigenen Kultur.

Damals entdeckten Benedikt auch Hirten in der Höhle, wo er sich verborgen hielt. Als sie ihn mit Fellen bekleidet im Gestrüpp erblickten, meinten sie zunächst, er wäre ein wildes Tier. Bald aber erkannten sie ihn als Diener Gottes. Da ließen viele von ihrer rohen Gesinnung ab und wandten sich der Gnade eines frommen Lebens zu. Dadurch wurde sein Name in der Umgebung allen bekannt. So kam es auch, dass er schon damals von vielen aufgesucht wurde. Sie brachten ihm Nahrung für den Leib und nahmen in ihrem Herzen dafür aus seinem Mund Nahrung für das Leben mit.

Wie mag Benedikt herumgelaufen sein, wenn er sich im Umkreis seiner Höhle bewegte? Bekleidet mit Tierfellen, der einzigen Kleidung, die er zu finden imstande gewesen sein mag, und mit langen Haaren - ein Friseur war wohl kaum in der Nähe und auch nicht vonnöten. So ist es nicht verwunderlich, dass die Menschen, die ihm begegneten, gedacht haben: Da bewegt sich etwas in den Büschen, das aussieht wie ein Tier. Benedikt hatte anscheinend auch vergessen, was zivilisiertes Leben bedeutet. Er hatte hinter sich gelassen, wie »man« sich kleidet. Kleidung ist kulturell determiniert. Vielleicht hat Benedikt sogar gerochen wie ein wildes Tier ... Hygiene ist ebenfalls kulturell bestimmt.

Es ist nicht nur in der Männerbewegung darüber geschrieben worden, wie wir die »wilde Seite« wieder in uns entdecken, also jenen Teil, in dem wir noch nicht davon beeinflusst und bestimmt sind, was die Gesellschaft von unserem Aussehen, unserem Verhalten und unserer Kommunikation erwartet. Alles, was das Menschsein und das menschliche Zusammensein ausmacht, dürfen wir auch einmal hinter uns lassen und mit dem »Animalischen« in uns in Berührung kommen. Der wilde Mann, die wilde Frau - ein bekannter Archetypus. Ganz mit der Natur eins sein, weit entfernt von der Zivilisation.

Benedikt erinnert in dieser Szene an Johannes den Täufer. Der wird im Matthäusevangelium (3,4) ähnlich beschrieben: mit Fellen bekleidet, sich von wildem Honig und Heuschrecken ernährend. Johannes wird für Benedikt und in der benediktinischen Tradition eine sehr wichtige Rolle spielen. Da im Neuen Testament keine Mönche vorkommen und Jesus niemandem zum Mönchtum berufen hat, hat die Tradition des Mönchtums trotzdem einen Anhaltspunkt in der Bibel gesucht - und in Johannes gefunden. Johannes war der, der sich in die selbstgewählte Klausur der Wüste zurückgezogen und ein asketisches Leben im Abstand zur Zivilisation geführt hat, um von dort auf den kommenden Christus aufmerksam zu machen. Jesus selbst ist mit hoher Wahrscheinlichkeit Schüler von Johannes gewesen, hat sich dann aber von einem bestimmten Zeitpunkt an von ihm und seinen Jüngern gelöst, um das Reich Gottes zu verkünden. Im Gegensatz zu Johannes, der sich von Menschen zurückgezogen und sie ermahnt hat, ist Jesus zu den Menschen gegangen, hat nicht gefastet, sondern mit ihnen gegessen und getrunken. Die prophetische Johannesqualität hat er aber immer bewahrt - und auch die »Wildheit«. Ich denke hier zum Beispiel an die Heilung des Besessenen von Gerasa (Markus 5,1-20). Dieser hauste in Gräbern außerhalb der Stadt, schlug sich mit Steinen und war von niemandem zu bändigen, so viel Angst hatte man vor ihm. Jesus aber hatte keine Angst. Weil er in sich selbst den wilden Mann bewahrt hatte, konnte er auf ihn zugehen und ihn heilen. Anschließend wollten die Menschen aus der Umgebung, dass auch Jesus das Gebiet verlässt, wohl weil sie die Wildheit und Kraft Jesu als bedrohlich empfanden.

Gregor schreibt Benedikt also Züge Johannes des Täufers zu. Später, bei seiner Klostergründung auf dem Berg Montecassino wird Benedikt ein Johannesheiligtum errichten. Denn in der Höhle hat er seine wilde Seite kennengelernt. Doch wieder einmal findet sich dazu eine erstaunliche Bemerkung in Gregors Text. Die Hirten geben in der Begegnung mit Benedikt ihre »rohe Gesinnung« auf. Im Lateinischen heißt es *bestiali mente*. Die Hirten, berufen, das Wilde zu zähmen, sind hier selbst von »bestialischer Gesinnung«. Benedikt wiederum, der herumläuft und äußerlich den Anschein von Verwahrlosung und Verwilderung macht, ist der eigentlich Kulturbringende; er lehrt und verändert die Hirten. Hier werden also Kultur und Zivilisation hinterfragt, denn manchmal sind die Menschen, die »geschniegelt« daherkommen, Raubtiere in ihrem Inneren. Manchmal sind die, die sich exakt an die Etikette und Regeln der Gesellschaft halten, an das, was »man« angeblich momentan sagen und tun darf und was nicht, in ihrem Verhalten zutiefst unsozial. Manchmal sind die, die aussehen wie Außenseiter und auch Außenseiter sind, weil sie kein Ansehen genießen, genau diejenigen, die ein menschliches Herz haben und wirklich »kulturiert« sind. Nur die Loslösung von der eigenen Kultur öffnet die Augen für diesen Unterschied.

Alles, was Benedikt losgelassen hat, wird ihm später in gewandelter Form überreich wieder geschenkt. Er hat den Vater gelassen. Er wird »Vater« für viele, wie die Benediktiner ihn liebevoll nennen: »unser Heiliger Vater Benedikt«. Noch heute, 1500 Jahre später, gestaltet er das Leben von 22.000 Menschen weltweit, wenn wir einmal nur die Nonnen und Mönche zählen. Er lässt seine Amme los und findet sich in der fruchtbaren und schönen Gegend von Subiaco wieder, lebenspendend, denn dort entspringt eine »starke Quelle mit frischem, klarem Wasser, das sich in einem weiten See sammelt und dann zu einem Fluss wird«. Benedikt lässt die Kirche los, bildet mit seinem Kloster eine *ecclesiola* (»eine Kirche im Kleinen«) und hat bis heute maßgeblichen Einfluss auf die Verbreitung und die Stabilität der Kirche. Er lässt alle Konventionen los und kreiert eine völlig neue Kultur: die monastische Lebensweise. Diese Lebensweise wiederum wird kulturverändernd und kulturschaffend, vom Mittelalter bis heute. Er schafft damit eine »Gegenkultur«, die ihr Zentrum in Gott sieht.

Das Verhältnis von Kirche beziehungsweise dem christlichen Glauben und Kultur ist eine eigene Betrachtung wert. Der christliche Glaube basiert auf der Inkarnationslehre: Gott ist Mensch geworden, das Wort ist Fleisch geworden. Gott ist an einem bestimmten Ort, zu einer bestimmten Zeit, in einem bestimmten Kulturkreis, nämlich dem jüdischen, Mensch geworden. Seitdem kann er überall Mensch werden. Die christliche Kirche hat sich immer entlang von Kulturen entwickelt. Es gab judenchristliche und heidenchristliche Gemeinden. Heute noch finden wir eine italienische Gemeinde in Stuttgart. Die schlesischen Flüchtlinge brachten ihre Lieder und ihre Frömmigkeit mit in den Westen. Im Zweitausend-Einwohner-Dorf Howells in Nebraska gab es zwei Kirchen und zwei Gemeinden, eine deutsche und eine tschechische. Wir sprechen hier immer von katholischen Gemeinden. Aber die jeweilige kulturelle Ausprägung ist unterschiedlich. Sie kann so unterschiedlich sein, dass manchmal das Gemeinsame untergeht, der eine Christus, indem die ganze Gemeinschaft Frieden findet. Es ist ein Skandal, dass sich Christen gegenseitig bekämpfen, wie das zum Beispiel noch im letzten Jahrhundert in Nordirland der Fall war, in Kenia und in vielen anderen Ländern. Das liegt daran, dass die Kultur zunächst »tiefer« reicht als die Religion. Oft wird Religion benutzt, um Stammesunterschiede oder kulturelle Eigenheiten zu sanktionieren. Nur wer die kulturelle Prägung transzendiert hat und auf den Grund des Menschseins gekommen ist, wo Gott ist und wo der Mensch seine vorkulturelle Vitalität hernimmt, kann in Frieden mit anderen zusammenleben und andere Kulturen als Bereicherung und Herausforderung sehen.

Benedikt ist diesen Weg gegangen. Er lebte in der Zeit der großen Völkerwanderung, die der heutigen nicht unähnlich ist. Es gelingt ihm, ein Kloster auf dem Montecassino zu gründen, in dem auf engstem Raum Goten und Römer miteinander leben, die sich außerhalb der Klostermauern feindlich gegenüberstehen. Die Benediktsregel selbst wiederum bezeugt, dass innerhalb der Klostermauern frei Geborene und als Sklaven Geborene zusammenwohnen, und Benedikt schärft den Mönchen ein, dass dieser Unterschied im Kloster keine Rolle mehr spielen darf (vgl. RB 2,18).

Wenn wir an kulturelle Unterschiede heute denken, dann fallen uns zunächst unterschiedliche Nationen und Kontinente ein. Aber wir brauchen gar nicht so weit zu gehen: in unterschiedlichen Stadtteilen und in Stadt und Land finden sich bereits sehr unterschiedliche Kulturen. Heute sehen wir manchmal sogar starke kulturelle Unterschiede in ein und derselben Familie, nämlich zwischen den Generationen. Ein *digital native* empfindet anders, kommuniziert anders, verhält sich anders als ein *Boomer*. Doch auch hier kann Benedikt Vorbild sein. Im »Mehrgenerationenhaus« Kloster finden sich alle unter einem Dach, wie seine Regel bezeugt (vgl. RB 3,12; 4,70; 22,3.7; 27,2; 48,17; 56,3; 63,10.12; 71,4). Das funktionierte auf der Basis seiner Regel: »Die Älteren ehren, die Jüngeren lieben« (RB 4,70-71).

Die Loslösung von der kulturellen Prägung trägt dazu bei, was die Benediktiner in großen Lettern an den Eingang des Klosters Montecassino geschrieben haben: PAX - Frieden. Friede ist für sie besonders wichtig, denn wenn man auf engstem Raum zusammenlebt, sind Konflikte unvermeidlich - und besonders unerträglich. So mussten die Mönche Wege finden, in Frieden und versöhnt zusammenzuleben. Dazu hilft die Regel selbst. Die innere Voraussetzung dafür ist jedoch eine klare Distanzierung von der eigenen kulturellen So-Werdung. Sich loslösen von der eigenen Kultur bedeutet wiederum nicht, dass wir nicht stolz auf sie sein dürften, im Gegenteil. Es bedeutet auch nicht, dass wir kein Heimatgefühl haben dürften. Aber es lässt uns das alles in Gelassenheit leben, weil unsere »Heimat im Himmel ist« (Philipper 3,20).

Um auch in diesem Prozess weiter zu uns selbst zu kommen, um den Mönch in uns zu entdecken, lohnt es sich wieder, die folgenden Fragen zu reflektieren:

- Wenn ich an meine Kultur, meine Heimat denke:
  Was mag ich und schätze ich (Lieder, Speisen, Bräuche, Sprache, Feiern ...)?
- Wenn ich an meine Kultur, meine Heimat denke:
  Was sehe ich als problematisch und als wert, verbessert oder korrigiert zu werden?
- Wie verhalte ich mich gegenüber Immigranten und Personen, die mir fremd oder unbekannt sind?
- Gefällt es mir, von anderen Kulturen zu lernen?

Sich von der Sexualität lösen

KAPITEL 2

Das nächste Kapitel auf der Reise des heiligen Benedikt hat mir lange Kopfschmerzen bereitet. Was war seine Botschaft zu Zeiten Gregors? Und vor allem: Was kann seine Botschaft für uns heute sein?

> Eines Tages, als Benedikt allein war, nahte sich ihm der Versucher. Ein kleiner, schwarzer Vogel, eine Amsel, flatterte ihm um das Gesicht und belästigte ihn zudringlich. Der heilige Mann hätte die Amsel mit der Hand fangen können, wenn er gewollt hätte. Er machte jedoch das Zeichen des Kreuzes; da flog der Vogel davon.
>
> Kaum war der Vogel fort, überkam den heiligen Mann eine so heftige sinnliche Versuchung, wie sie ihm noch nie widerfahren war. Irgendwann hatte er eine Frau gesehen, die ihm der böse Geist jetzt wieder vor Augen führte. Durch das Bild ihrer Schönheit entfachte er im Diener Gottes eine solche Glut, dass sich das brennende Verlangen in seiner Brust kaum bändigen ließ. Fast hätte die Leidenschaft ihn überwältigt, und er war nahe daran, die Einsamkeit zu verlassen.
>
> Da traf ihn plötzlich der Blick der göttlichen Gnade, und er kehrte zu sich selbst zurück. Er sah in der Nähe ein dichtes Nessel- und Dorngestrüpp, zog sein Gewand aus und warf sich nackt in die spitzen Dornen und brennenden Nesseln. Lange wälzte er sich darin; als er

aufstand, war er am ganzen Körper verwundet. So heilte er durch die Wunden der Haut am eigenen Leib die Wunde der Seele; die Lust wurde zum Schmerz. Während sein Äußeres qualvoll, aber heilsam brannte, löschte er das verführerische Feuer im Innern. Er besiegte die Sünde, indem er das Feuer umwandelte.

Seit dieser Erfahrung war die Versuchung zur sinnlichen Lust so überwunden, dass er sie nie mehr in sich verspürte, wie er später seinen Jüngern erzählte.

Spätestens an dieser Stelle der *Vita* des heiligen Benedikts bin ich für eine lange Zeit »ausgestiegen«. Dachte ich doch, wir hätten diese Art der Spiritualität in der Kirche nach dem Zweiten Vatikanischen Konzil endgültig überwunden, die den Körper verachtet, ihn abspaltet und negativ bewertet, eine Spiritualität, die die Sexualität als etwas Problematisches und Schlechtes oder gar Gefährliches ansieht.

Trotzdem wollte ich nicht aufgeben, nach einem Sinn zu suchen, wie wir die Geschichte heute verstehen können. Denn es ist für mich nicht befriedigend, nur bestimmte Teile eines geistlichen Textes herauszuschneiden, nämlich die, die mir passen, andere aber wegzulassen, weil sie mir zunächst veraltet vorkommen. Dafür habe ich zu viel Respekt vor der Erfahrung unsere Vorfahren. Bei allem Zeit- und Kulturbedingtem ihrer Ansichten haben auch sie das Menschliche berührt und versucht, es mit Gott in Verbindung zu bringen. Die kunstvolle Art, in der Gregor seine Geschichte gewoben hat, schien mir zudem nicht zu erlauben, diesen Teil der Lebensbeschreibung einfach zu übergehen. Ähnliches gilt nach meinem Verständnis für die Hermeneutik der Heiligen Schriften des Alten und Neuen Testaments. Wenn wir beginnen, sie (nur) nach unserem Gusto oder unserem Verstehen als relevant anzusehen, können wir wichtige Aspekte des geistlichen Lebens verpassen. Zu oft habe ich die Erfahrung gemacht, dass sich mir Bibelstellen nach vielen Jahren aufschließen, und zwar dann, wenn ich die Erfahrung gemacht habe, die hinter dem Beschriebenen steht. Vorher mögen sie mir fremd, vielleicht sogar dumm vorgekommen sein. Wenn wir die Texte von vorneherein verwerfen, bringen wir uns um eine Erfahrung. Ich bin viel zu neugierig, um das zuzulassen.

Es gibt eine zweite Hürde, die mir diesen Text schwierig macht: die Tatsache, dass sie von Sexualität spricht. Obwohl wir das Thema heute mit viel weniger Scham ansprechen können, bleibt es doch ein sensibles Thema, gerade im kirchlichen Bereich. Zu oft wurde in der Vergangenheit in Beichtstühlen auf nicht wirklich keusche Weise danach gefragt. Zu sehr wurde den Menschen ein schlechtes Gewissen eingeredet, das ihnen nicht nur nicht weitergeholfen, sondern geschadet hat. Eine gesunde Spiritualität schließt die positive Annahme unserer Sexualität ein, wie auch immer wir sie wahrnehmen, wie auch immer sie sich in uns ausformen mag. Trotz alledem halte ich es für unklug und nicht angebracht, wenn man aus geistlicher oder kirchlicher Sicht überhaupt nichts mehr zu diesem Thema sagen will. Ich verstehe, wenn viele meiner Freunde die Ansicht vertreten, dass sich die Kirche und die Religion grundsätzlich aus den Schlafzimmern heraushalten sollte. Denn Sexualität sei nun wirklich Privatsache. Prekär scheint es besonders dann zu werden, wenn ehelos lebende Menschen normativ über die Sexualethik sprechen. Papst Gregor aber spart das Thema in der *Vita* nicht aus. Für Benedikt ist Sexualität ein Thema gewesen, wie wir hier lesen. Wie sollte es denn nicht, möchte man fragen, ist es doch für jeden Menschen ein Thema, wenngleich nicht ständig oder immer mit hoher Intensität. Und genau in diesem Sinn, so meine ich, hat es natürlich auch mit Spiritualität zu tun. Sexualität ist ein wichtiger Teil des Menschseins. Wie kann ich sie gut leben? Wie gehe ich mit ihr als Mönch um? Wie geht der »Mönch in mir« damit um?

Mönch zu sein bedeutet in allen Religionen ein eheloses Leben zu führen. Mönche versuchen immer keusch zu bleiben und auf das Ausleben der Sexualität zu verzichten, um einer höheren Dimension willen. »Nicht alle können dieses Wort erfassen, sondern nur die, denen es gegeben ist. Denn manche sind von Geburt an zur Ehe unfähig, manche sind von den Menschen dazu gemacht und manche haben sich selbst dazu gemacht – um des Himmelreiches willen. Wer es erfassen kann, der erfasse es« (Matthäus 19,11-21).

Was ist also das Problem Benedikts? Es sind seine Fantasien. In seinem Kopf spielen sich Dinge ab, Bilder entstehen. Als junger Mann hat er – vielleicht in Rom – eine schöne Frau gesehen. Zu der fühlt er sich jetzt wieder hingezogen. Hier sieht man, dass die *fuga mundi*, die Flucht aus der Welt, nie wirklich funktioniert, weil man die Welt immer im eigenen Kopf mitnimmt, egal, wohin man geht. Auch wenn sich Benedikt von Frauen entfernt hatte, in seiner Erinnerung waren sie da. Wir können uns nicht aus der Welt entfernen, denn wir sind Teil von ihr.

Wie geht Benedikt nun mit den Fantasien um? Diese Frage kann für jeden Menschen eine Bedeutung bekommen, nicht nur für Menschen, die explizit den Mönchsweg gewählt haben. Denn jeder und jede von uns hat Bilder im Kopf. Im Bereich der Sexualität lebt ein ganzer Industriezweig von diesem Phänomen: die Pornografie. Sie arbeitet damit, in den Menschen Fantasien hervorzurufen. Sie verkauft Fantasien.

Für Benedikt ist der Drang dieses Mal extrem stark, stärker als in früheren Momenten. Die Art und Weise, wie er bisher damit umgegangen ist, funktioniert nicht mehr. Eine Versuchung stellt die Fantasie insofern für ihn dar, weil sie ihn dazu verleitet, die Höhle zu verlassen. Er will aber in der Höhle bleiben, dazu hatte er sich entschlossen. Ein innerer Kampf entbrennt. Auch hier kann man eine Parallele zu Menschen ziehen, die in einer Beziehung leben. Selbst die Befriedigung der Fantasien oder das Ausleben derselben mit einem anderen Menschen als dem Partner hat einen Einfluss auf die Beziehung. Auf lange Sicht kann sie ihr sehr schaden.

Dass sich Benedikt hier so »quält«, liegt also nicht daran, dass er etwa masochistisch veranlagt ist. Er will nur die Höhle nicht verlassen, die ihn schon so viel gelehrt und mit Gott auf wunderbare Weise in Verbindung gebracht hat. Diese besondere Beziehung will er nicht aufs Spiel setzen. Auf dem Weg, den ihn Gott geführt hat, hatte er davon »schmecken« können, wie gut es ist, sich ganz auf ihn einzulassen. Dabei hat er auch ein neues Verhältnis zu den Menschen und zu den Dingen entwickelt.

Benedikt nimmt den Drang war. Er verdrängt ihn nicht. Aber es ist kaum zum Aushalten. Da auf einmal wird er von der »Gnade« Gottes berührt, und sein Verhalten und die Situation verändern sich. Wenn wir von unserer Sexualität sprechen, sollten wir öfter von der Gnade Gottes sprechen. Es ist eine Gnade, sie zu haben, sie ausüben zu können, und es kann auch eine Gnade sein, auf ihre Ausübung verzichten zu können. Ein Bekannter von mir musste erleben, wie seine Frau nach vielen Ehejahren in eine schwere psychische Krise geriet. Ihr war überhaupt nicht mehr nach Sex zumute. Er konnte das verstehen, hatte aber nach wie vor das starke Bedürfnis danach. Was sollte er tun? Zu einer Prostituierten gehen, sich selbst befriedigen oder sogar ganz verzichten?

Benedikt sehnte sich nach Sexualität, aber wohl vor allem auch nach Nähe, nach Beziehung, danach, zu lieben und geliebt zu werden. In einem solchen Fall gibt es die Möglichkeit, den Fantasien nachzugeben und sich zum Beispiel mithilfe eines Bildes zu befriedigen. Aber würde das Benedikts Sehnsucht wirklich stillen? Würde es ihn auf Dauer nicht nur noch einsamer machen? Die Selbstbefriedigung wäre nur eine Kompensation, eine Antwort auf sein Bedürfnis, aber keine nachhaltige und keine echte.

Jeder von uns kompensiert in verschiedenen Bereichen seines Lebens. Wenn wir beispielsweise Stress haben – was täte uns gut? Entspannung. Weniger tun, es langsamer tun, es nicht mehr so wichtig nehmen, das wären angemessene Antworten. Stattdessen wählen wir bewusst oder unbewusst eine Kompensation. Wir rauchen zum Beispiel oder wir essen. Statt zu entspannen, gönnen wir uns einen kleinen

Snack zwischendurch. Und schon fühlen wir uns besser. Ein anderes Beispiel: Wir sind einsam. Um uns besser zu fühlen, fangen wir an zu trinken oder verbringen die Zeit im Internet oder mit sozialen Medien, die uns das Gefühl geben, nicht ganz so allein zu sein. Was wäre aber eigentlich eine angemessenere Antwort auf das Gefühl der Einsamkeit? Den Nachbarn zu besuchen, einen Freund einzuladen, jemanden anzurufen, mit dem man sprechen kann. Es ist eigentlich ganz leicht, auf unsere Bedürfnisse zu reagieren; dazu müssen wir sie aber erst wahrnehmen und annehmen. Stattdessen greifen wir immer wieder zu Kompensationen.

Ein weiteres Beispiel: Ich fühle mich unwichtig. Mein Leben ist langweilig geworden. Die Routinen ekeln mich an. Um diesem Gefühl entgegenzuwirken, verbringe ich viel Zeit damit, Nachrichten zu hören oder zu lesen, beteilige mich online an Diskussionen. Ich lagere meinen Bedarf, im Leben eine wichtige Rolle zu spielen, aus, indem ich die Nachrichten der anderen, der Königshäuser vielleicht oder der Stars, miterlebe, als wären es meine eigenen. Was wäre stattdessen eine angemessene Antwort auf diese Gefühle? Ich könnte mich beispielsweise in meiner Gemeinde engagieren und mithelfen, wirklich etwas zu verändern. Ich tue etwas, bei dem mein Beitrag wirklich einen Unterschied macht, auch wenn er klein ist. Noch ein Beispiel: Ich bin nicht zufrieden mit meiner Arbeitssituation. Ich träume davon, wie es wäre, wenn ich eine andere Stelle hätte, wenn mich jemand auf einen anderen Posten rufen würde. Ich empfinde die Firma oder die Organisation, für die ich arbeite, als ungerecht; eigentlich ist die ganze Gesellschaft ungerecht und müsste nach ganz anderen Regeln funktionieren. Ich kompensiere mit meinen Träumen. Was würde stattdessen helfen? Ich könnte konkret mit meinem Chef über eine Änderung meines Arbeitsbereiches oder meines Vertrages sprechen; ich könnte mich nach einer anderen Stelle umsehen oder versuchen, mehr Sinn in meiner Arbeit zu sehen, sie noch einmal anders anzugehen, zu »framen«.

Benedikt weigert sich an dieser Stelle, zu kompensieren. Stattdessen hat er einen unglaublichen Impuls. Er wirft sich in die Dornen und wälzt sich darin, so lange, bis die Versuchung nachlässt. Das klingt tatsächlich nach extremer Leibverachtung, aber es hat hier einen anderen Grund. Ich habe lange gebraucht, um zu verstehen, warum Benedikt sich in den Dornen wälzt. Die klassische Deutung ist: um die Versuchung abzutöten. Man kann die Geschichte aber auch so lesen: Es ging Benedikt darum, das Leiden zu spüren, das er empfand. Benedikt litt unter Einsamkeit. Er sehnte sich nach einer Frau, ihrem Körper, ihrer Zärtlichkeit, ihrer Gesellschaft. Er wollte an dieser Stelle den Schmerz nicht mehr verdrängen, sich nicht vertrösten, womit auch immer, nicht mehr kompensieren, er wollte ihn spüren: »Ja, es tut weh, dass ich allein bin. Ja, es tut weh, dass mir jemand fehlt. Ich will es jetzt spüren und nicht mehr verdrängen. Es ist meine Wahrheit.« Nachdem er diesen Schmerz angenommen hatte, legte er sich.

Die Geschichte erzählt, danach hätte er eine derartige Versuchung nicht mehr gehabt. Die alten Mönchsväter allerdings bezeugen, dass Versuchungen in der Regel bis zu unserem letzten Atemzug anhalten, auch die sexuellen. So glaube ich, dass Gregor hier zum Ausdruck bringen will, dass Benedikt das Prinzip ein für alle Mal aufgegangen war: Wenn ich ein Bedürfnis habe und es in diesem Moment nicht erfüllen kann oder will, dann muss ich das Leiden auf mich nehmen, das mit diesem Verzicht einhergeht. In diesem Fall war es so, dass Benedikt das Bedürfnis nicht stillen wollte – er hätte ja die Höhle verlassen können, wer hätte ihn daran gehindert?

Wir sind jetzt schon öfter auf das Thema »Verzicht« gestoßen, das zum Mönchsweg dazugehört. Nicht jedes Bedürfnis, das wir in uns verspüren, müssen wir befriedigen. Die »Impulskontrolle«, wie es die Psychologen nennen, ist eine Frage der Reife. Sie in sich zu spüren, gibt uns eine große Freiheit. Es ist die Freiheit, die den Menschen ausmacht. Diese Freiheit hat aber auch einen Preis. Der Verzicht und das damit vielleicht verbundene Leiden sind jedoch nur temporär. »Die Leiden der gegenwärtigen Zeit bedeuten nichts im Vergleich zu der Herrlichkeit, die an uns offenbar werden soll«, sagt Paulus im Römerbrief (8,18). Die Geschichte mit dem Priester hat Benedikt Christus ähnlich werden lassen, indem er etwas vom Geheimnis der Auferstehung, etwas von Ostern erfahren durfte. Die Geschichte mit den Dornen hat ihn etwas erfahren lassen, das gemäß Jesu auch zur Nachfolge gehört, nämlich das Kreuz: »Wer nicht sein Kreuz auf sich nimmt und mir nachfolgt, ist meiner nicht wert« (Matthäus 10,38). Hier nimmt Benedikt am Leiden Christi teil, er erlebt den Karfreitag.

Die Art und Weise, wie wir hier versuchen, die Geschichten aus Benedikts Leben zu interpretieren, ist ein wenig von östlicher Spiritualität inspiriert: das Loslassen, das Sich-Loslösen als wesentliches Motiv. Dies ist aber, wenigstens für den christlichen Mönch, kein Weg zur Unempfindlichkeit gegenüber dem Leiden. Die Weltflucht des christlichen Mönchs bedeutet nicht, sich einen Ort oder einen Zustand zu suchen, an und in dem es kein Leiden mehr gibt oder er das Leiden nicht mehr empfindet. Leiden ist und bleibt Teil seines Lebens, aber es zu durchleben ergibt im Glauben an Christus einen Sinn. Benedikt leidet hier nicht als Statement gegen Liebe oder gegen die Frau, sondern für Gott und Christus. Und es macht ihn vulnerabel und mitfühlend für andere, die leiden müssen, wie wir noch sehen werden.

Mein Bekannter hat übrigens nach Jahren des Ringens gewählt, seiner Frau, so gut es geht, in allem treu zu bleiben, und hat das Leiden, das damit einhergeht, akzeptiert und auf sich genommen. Die Liebe zwischen den beiden ist dabei sehr gewachsen. Heute können sie sich wieder annähern.

Das bringt mir noch eine weitere Geschichte ins Gedächtnis: Während meines Sabbaticals vor einigen Jahren hatte ich das Privileg, Glendalough zu besuchen, ein irisches Klosterdorf aus dem 6. Jahrhundert. Eingebettet in eine wunderschöne Landschaft befinden sich dort Ruinen von Klostergebäuden und Kapellen und auch ein großes Steinkreuz, das über drei Meter hoch ist. Mir wurde gesagt, wenn man seine

Arme um das Kreuz lege und es gelänge, dass sich die Hände berührten, dann könne man sich etwas wünschen und dieser Wunsch ginge in Erfüllung. Gesagt - getan. Ich habe es ausprobiert, wie viele andere auch, aber um ehrlich zu sein, ich habe den Wunsch vergessen, den ich damals hatte, und ich habe vergessen, ob er später in Erfüllung ging. Trotzdem war es ein schönes Ritual. Am Tag danach zeigte mir allerdings jemand ein Foto von genau diesem Moment und plötzlich wurde mir klar, was ich eigentlich getan hatte: Ich hatte das Kreuz umarmt! Das ist die Bedeutung des Rituals: Wenn wir unser Kreuz umarmen, das immer groß - zu groß - zu sein scheint, wenn wir es schaffen, es ganz anzunehmen und zu akzeptieren, wird unser Wunsch in Erfüllung gehen. Das bedeutet, dass es dann gut wird. Denn wir werden wir selbst sein, anstatt vor uns selbst wegzulaufen und unserem Kreuz auszuweichen. Das Kreuz ist schwerer, wenn wir es nicht annehmen. Stattdessen ist das Leiden, wenn wir es freiwillig annehmen, wie Christus es tat, ein Weg zur Erlösung. Aus dieser Perspektive wird es wieder wahr, was Jesus gesagt hat: »Denn mein Joch ist sanft und meine Last ist leicht« (Matthäus 11,30). Es ist schwierig, sein Kreuz auf sich zu nehmen; es erfordert einige Anstrengungen unsererseits, aber wir können es schaffen.

Übrigens gibt es noch eine weitere schlüssige Interpretation für ein kleines Detail dieser schwierigen Stelle, die ganz auf der Linie einer Spiritualität des Loslassens liegt: Benedikt zieht sich nackt aus. Das könnte eine Anspielung auf die römischen Gladiatorenkämpfe sein. Die Kämpfer haben sich fast ganz ausgezogen, denn je mehr sie anhatten, desto eher konnte der Gegner sie an diesen Stellen packen. Sie wollten dazu keine Gelegenheit geben. Im Kampf Benedikts gegen den Teufel als Personifikation der Versuchung heißt das, dass er diesem nicht mehr die geringste Gelegenheit geben wollte, sich an ihm festzuhalten. Der Teufel würde immer abrutschen. Da war nichts, an dem Benedikt haftete, so konnte der Widersacher ihn nicht in den Griff bekommen.

Auch diese Geschichte gibt uns wieder Anlass für eine persönliche Betrachtung. Wir können uns fragen:

- Sexualität dient nicht nur, aber doch wesentlich dazu, fruchtbar zu sein. Das kann man nicht nur im biologischen Sinn, sondern viel weiter verstehen, so wie es die ehelos lebenden Mönche tun. Wenn ich also auf mein Leben schaue: wo ist es schon fruchtbar geworden?
- Wir kompensieren ständig, in vielerlei Bereichen. Und manchmal müssen wir es, weil es nicht anders geht. Dennoch können wir uns fragen: In welcher Weise tendiere ich dazu, zu kompensieren: essen, trinken, TV, Internet, mit Leuten herumhängen, arbeiten, sogar beten? Was könnte ich vielleicht loslassen?

Wenn ich mich bewusst auf einem geistlichen Weg befinde, kann auch dieser Gedanke zur Vertiefung dienen: Der Mystiker Meister Eckhart interpretiert einmal einen Vers aus dem alttestamentlichen Buch Jesus Sirach (24,29): »Wer mich isst, hungert weiter.« Man könnte seine Gedanken so umschreiben: Wenn man isst, wird normalerweise unser Hunger gestillt. Wenn man aber Gott erfährt, will man immer mehr von ihm. Der Hunger geht also weiter oder nimmt sogar noch zu. Zum geistlichen Weg gehört diese Spannung dazu. Je mehr man von Gott gekostet hat, desto unzufriedener wird man mit dem, was nicht von Gott ist. Möglicherweise verursacht das eine Spannung in dieser Welt. Aber diese Spannung kann fruchtbar werden. Darum ein Vorschlag als geistliche Übung: Anstatt sie zu verdrängen, versuche deine Sehnsucht zu genießen!

Sich von der Macht lösen

KAPITEL 3

In der geistlichen Tradition gibt es die sogenannten evangelischen Räte. Die Franziskaner haben drei Knoten in ihrer Gürtelkordel, die daran erinnern sollen, und alle Ordensleute leben danach: Armut, Ehelosigkeit und Gehorsam. Diese gehen auf Empfehlungen Jesu im Evangelium zurück. Der Theologe und Alt-Bischof Franz Kamphaus hat den Sinn dieser Räte einmal in folgender Weise zu erklären versucht. Jeder Mensch hat drei Grundbedürfnisse: zu haben, zu lieben und zu wollen. Das erste Bedürfnis ist ihm so innerlich, dass selbst die Zehn Gebote dafür Sorgen tragen: Dein Hab und Gut sollen geschützt sein. Es ist ein Menschrecht, Eigentum zu haben. Das zweite tiefe Grundbedürfnis ist das zu lieben und geliebt zu werden. Es gibt keinen Menschen, der dieses Bedürfnis nicht hat. Das dritte zielt auf unseren freien Willen. Selbst entscheiden zu können, zu tun, was wir wollen, ist zutiefst menschlich. Es ist vielleicht die Spitze unseres Menschseins. An diesen Grundbedürfnissen setzen die evangelischen Räte an. Sie werden »Räte« genannt, weil es tatsächlich »nur« Ratschläge sind und weder Gebote noch Verbote. Die Bibel und die kirchliche Tradition wissen sehr fein zu unterscheiden, wie verbindlich eine ethische Norm ist. Der heilige Paulus zum Beispiel unterscheidet, ob es sich um ein »Gebot des Herrn« handelt, was für ihn besonders hohe Autorität besitzt, oder um einen Ratschlag seinerseits, für den er selbstverständlich nicht die gleiche Autorität beanspruchen kann. Die evangelischen Räte sind aus dem Evangelium hergeleitet. Wenn Jesus sagt, eher gehe ein Kamel durch ein Nadelöhr als ein Reicher in das Himmelreich, so empfiehlt er den einfacheren Weg. Natürlich ist es nicht unmöglich für Reiche, in das Reich Gottes zu kommen, aber gemäß Jesu ist es schwieriger. Dies ist ein Beispiel für einen evangelischen Rat. Armut, Ehelosigkeit und Gehorsam korrespondieren mit den genannten drei Grundbedürfnissen des Menschen. Wenn der Ordensmann, die Ordensfrau Armut geloben, so verzichten sie freiwillig auf das Recht, *zu haben*. In einem Benediktinerkloster heißt das, dass man kein privates Einkommen hat, selbst wenn man etwas für das Kloster verdient. Zudem muss man erst fragen, wenn man Geld ausgeben will. Die Benediktinermönche leben in Gütergemeinschaft, was die Armut des Einzelnen einschließt. Wenn man diesen Rat und dieses Gelübde nicht willentlich umgeht oder anderweitig kompensiert, merkt man, wie radikal das an unserem tiefen Bedürfnis *zu haben* rüttelt. Noch tiefer greift der evangelische Rat der Ehelosigkeit. Das Evangelium verbietet nicht nur die Ehe nicht, es schützt sie sogar. Es geht hier um eine geistliche Dimension. Es geht um den Verzicht, sich selbst zu erfüllen, wessen wir doch zutiefst bedürfen. Deutlich wird das auch beim dritten evangelischen Rat, dem Gehorsam, der von der Tradition als der schwierigste angesehen wird: der Verzicht auf meinen eigenen Willen. Auch hier ist Jesus wieder das Vorbild, so wie er arm gewesen ist, unverheiratet, so »gehorsam bis zum Tod, bis zum Tod am Kreuz« (Philipper 2,8). Der Wille des Vaters war ihm wichtiger als sein eigener Wille. »Dein Wille geschehe«, betet er im Vaterunser, und nach langem, schwerem Ringen am Ölberg ergibt er sich mit den Worten: »Mein Vater, wenn es möglich ist, gehe dieser Kelch an mir vorüber. Aber nicht wie ich will, sondern wie du willst« (Matthäus 26,39). Verzicht im christlichen Sinn ist nie Ablehnung des Irdischen, sondern immer das Sich-Öffnen für Gott. Benedikt widmet in seiner Regel ein ganzes Kapitel dem Gehorsam, und das Thema klingt immer und immer wieder an. Es geht darum, den Willen des Vaters im Himmel zu tun, der sich - nach Benedikt - im Willen des Oberen, des Abtes, aber auch im Willen der Mitbrüder und der Gemeinschaft kundtut - ein radikales Gegenkonzept zu jeder Form von Narzissmus.

Als ich mich mit dem Leben Benedikts beschäftigte, fragte ich mich, an welcher Stelle diese evangelischen Räte eine Rolle spielen. Die Armut wird für Benedikt gleich zu Beginn wichtig, als er sich vom Besitz und der Sicherheit des Vaters trennt und nach Subiaco geht. Die Ehelosigkeit rückt in den Fokus in der Geschichte, die wir im letzten Kapitel kennengelernt haben. Der Gehorsam wird zum Thema in der nächsten Geschichte. Es ist faszinierend zu sehen, dass, lange bevor im Mittelalter die klassische Trias »Armut, Ehelosigkeit, Gehorsam« in dieser Weise formuliert wurde, Gregor der Große sie bereits implizit beschreibt, auch in dieser Reihenfolge, die ihre Logik in der je größeren Herausforderung hat. Denn auf Haben, Lieben und Wollen zu verzichten, ist als Mensch im Grunde unmöglich, weil es zu unserem Menschsein gehört. Dieser Verzicht ist eine paradoxe Intervention Gottes, mit der er dem Ordensmenschen seine alles umfassende Gnade aufschließen möchte. Wie das im Bereich Gehorsam als stärkste aller Herausforderungen geschieht, zeigt also die nächste Geschichte:

Nicht weit entfernt lag ein Kloster; der Abt dieser Gemeinschaft war gestorben. Alle Brüder kamen nun zum ehrwürdigen Benedikt und baten ihn inständig, er möge ihr Oberer werden. Er lehnte ab, sträubte sich lange und sagte ihnen voraus, dass ihre Lebensweise mit der seinen nicht zusammenpasse. Schließlich gab er ihren Bitten nach und sagte zu.

In diesem Kloster achtete er auf ein Leben nach der Regel, sodass keiner mehr wie früher durch unerlaubtes Handeln vom Weg des klösterlichen Lebens nach rechts oder links abweichen durfte. Da gerieten die Brüder, deren Leitung er übernommen hatte, in sinnlose Wut. Sie begannen, sich Vorwürfe zu machen, dass sie ihn gebeten hatten, ihr Vorsteher zu sein. Ihre Verkehrtheit stieß sich an seiner Geradheit. Sie sahen nun, dass unter ihm Unerlaubtes unerlaubt blieb, und es schmerzte sie, von ihren Gewohnheiten lassen zu müssen. Hart kam es sie an, dass sie in ihrer alten Gesinnung gezwungen wurden, Neues zu lernen; ist doch das Leben der Guten für Menschen mit schlechten Sitten immer unbequem. Deshalb suchten sie nach einer Gelegenheit, ihn umzubringen.

Sie berieten miteinander und mischten dann Gift in den Wein. Als das Glas mit dem vergifteten Trank nach dem Brauch des Klosters bei Tisch dem Abt zur Segnung gebracht wurde, streckte Benedikt die Hand aus und machte das Zeichen des Kreuzes. Auf dieses Zeichen hin zerbrach das Glas, das in einiger Entfernung gehalten wurde, als hätte er nicht das Kreuz gemacht, sondern einen Stein auf das Gefäß des Todes geworfen.

Sofort erkannte der Mann Gottes, dass darin ein todbringender Trank gewesen war, weil das Glas das Zeichen des Lebens nicht hatte ertragen können. Da erhob er sich, rief die Brüder zusammen und sagte mit friedfertigem Blick und gelassenem Sinn: »Der allmächtige Gott erbarme sich euer, Brüder. Warum habt ihr mir das antun wollen? Habe ich euch nicht vorher schon gesagt, dass eure und meine Lebensweise nicht zusammenpassen? Geht und sucht euch einen Abt nach eurer Art. Denn nach allem, was geschehen ist, könnt ihr mich nicht mehr halten. Dann kehrte er an die Stätte seiner geliebten Einsamkeit zurück. Allein, unter den Augen Gottes, der aus der Höhe herniederschaut, wohnte er bei sich selbst.

Nach dem Kontakt mit dem Priester und den Hirten kommt es jetzt erstmalig wieder zu einer Begegnung Benedikts mit Menschen aus der Umgebung. Es sind Mönche. Sie kommen zu ihm und wollen, dass er ihr Abt, das heißt der Vorsteher ihres Klosters in Vicovaro werde. Und wieder kann man die Geschichte in zweierlei Richtungen lesen. Man kann sie »mit dem Strich« lesen, so wie sie Gregor dem Leser vor Augen stellt: Hier ist der heilige Mann, der ein perfektes Leben führt. Dort sind die verkommenen Mönche, die diese Perfektion nicht aushalten und Benedikt umbringen wollen. Wenn man die Stärken Benedikts betrachtet, erschließen sich die Motivationen der Geschichte. Ähnliches galt auch für alle vorigen Geschichten: Rom ist ein abscheulicher Ort in seinen Sitten und seinen Gebräuchen und deshalb ist Benedikt, der zu gut für diese lasterhafte Stadt ist, von dort weggegangen. Das Motiv, den Vater und das Erbe hinter sich zu lassen, bleibt dabei eher im Hintergrund. Benedikt ist zu heilig, als dass er das Lob der Leute erhalten will für das erste Wunder, das er für seine Amme gewirkt hat, deswegen verlässt er sie heimlich. Und doch haben wir hier auch das Motiv, dass er aus dem mütterlichen Einflussbereich heraustreten möchte. Der böse Teufel gönnt Benedikt die Freundschaft mit Romanus nicht. Und doch ist es wohl Benedikt selbst, der die Glocke zerschlägt. Der schwelgende Priester kümmert sich nicht um seine Herde, und doch hat Benedikt sich so weit von den Menschen und der Kirche entfernt, dass ihm sogar entgeht, wann Ostern gefeiert wird. Benedikt zähmt die wilden Hirten und doch lebt er komplett losgelöst von allen zivilisatorischen Konventionen. Der Teufel, der alte Feind, will Benedikt von seiner Bahn abbringen und versucht ihn sexuell, und doch ist es Benedikts eigene Erinnerung an eine Frau, die ihn fast die Höhle verlassen lässt. Im Lauf der Interpretation der *Vita* war es durchaus ertragreich, nicht nur auf die starken Seiten Benedikts zu schauen, auf das heiligmäßige, hoch auf ein Podest gestellte Vorbild, sondern auch auf den Menschen Benedikt, insofern er begrenzt ist, fehlbar, verführbar und schwach.

Wo war also Benedikts Problem hier in Vicovaro? Waren die Mönche dort wirklich nicht bereit zu einem echten mönchischen Leben? Was aber war los mit Benedikt? Wir erkennen es gleich am Anfang: Als die Mönche zu ihm kommen, weiß er sofort, dass er und sie nicht zusammenpassen. Warum also überlegt er noch? Warum lässt er sich bitten? Warum sträubte er sich »lange«, wie der Text ausdrücklich sagt? Man könnte vermuten, weil es ihm guttut, gefragt zu werden. »Sie wollen, dass du ihr Abt wirst. Sie sind verkommen, aber dir trauen sie es zu, sie auf den rechten Weg zu führen«, mögen seine Gedanken gewesen sein. »Nein, auf keinen Fall«, mag er laut geantwortet haben, aber sein Inneres war noch nicht so klar entschieden, vielleicht auch nicht seine Körpersprache. »Fragt mich noch einmal, es tut gut, gefragt zu werden. Und es tut gut, gefragt zu werden, ob man ein Anführer sein will.« Benedikt erliegt hier der Versuchung der Macht. Über sich selbst bestimmen zu können, ist eine große Sache und nicht einfach. Über andere aber bestimmen zu können, befriedigt den Willen zur Kontrolle noch einmal mehr. Nicht mehr zu gehorchen, sondern selbst die Anweisungen zu geben. Es schmeichelt Benedikt, gefragt zu werden. Er muss eine hohe Meinung von sich selbst gehabt haben, dass er glaubte, er könne die Mönche bekehren. Er hätte besser seinem ersten Impuls getraut. Vielleicht hat er auch aus Mitleid so lange gezögert – sie hatten eventuell niemand anderen, den sie hätten fragen können –, dann aber hat ihn hier der Stolz genarrt. Es scheint, dass er in jedem Fall auch durch diese Versuchung gehen musste wie durch die vielen vorigen, um einen wichtigen Entwicklungsschritt zu machen: die Loslösung vom Willen zur Macht.

Diese Versuchung ist dramatisch und es geht hier nicht mehr um eine kleine, erbauliche geistliche Geschichte. Die Mönche von Vicovaro hätten Benedikt fast umgebracht. Zum Glück schaut auch hier die Gnade Gottes wieder barmherzig auf ihn hernieder und rettet ihn. Mit der gewonnenen Einsicht, mit dem Segen über dem Kelch, der den Tod bringen sollte, befreit er sich aus der lebensgefährlichen Situation – und kehrt heim, wo er zu diesem Zeitpunkt auch noch hingehört: in seine Höhle, die er mehr liebt denn je. Es war zu früh gewesen für ihn, zum Leiter von Menschen gemacht zu werden. Er hatte bis dahin tatsächlich noch keine Erfahrung darin, eine Gemeinschaft zu leiten. Er »brauchte« es, Abt zu sein. In Wirklichkeit ist seine Zeit jedoch noch die Höhle, nicht der Berg. Es ist noch die Zeit der Initiation, der Individuation. Er kennt sich selbst noch nicht gut genug, er hat noch nicht alles Gott übergeben, nicht seinen Wunsch nach Macht. In Vicovaro muss er das demütig lernen.

Zu viel am eigenen Gestaltungswillen zu hängen, kann viele Formen annehmen. Da ist zum Beispiel der Status. Benedikt scheint hier beeindruckt zu sein von der Möglichkeit, zum Abt »aufzusteigen«. Mit dem höheren Status gehen mehr Gestaltungsmöglichkeiten einher. Wie viel tun wir und opfern wir manchmal, um unseren sozialen Status zu erhöhen oder wenigstens zu erhalten? Dagegen ist nichts zu sagen, solange wir uns selbst und anderen nicht schaden.

Zum Thema Status fällt mir hier gerade eine kleine Lächerlichkeit ein. Als ich noch in den USA lebte und öfter nach Deutschland pendelte, kam ich einmal in den Genuss des Vielfliegerstatus. Als Vielflieger hat man das Privileg, früher in das Flugzeug einsteigen zu können als die anderen. Man kann seinen Koffer leichter unterbringen, da die Gepäckfächer noch leer sind. Trotzdem geht es dabei auch ein wenig darum, an den »armen« Economy-Passagieren vorbeigehen zu können und das Gefühl zu haben: »Ich kann!« Dass dann doch alle gemeinsam zur gleichen Zeit losfliegen werden, vergisst man dabei leicht.

Grundsätzlich ist der Gestaltungswille etwas Gutes. Etwas tun zu können, Macht zu haben ist genauso wenig »unrein« oder »schmutzig« wie unsere sexuelle Kraft. Oft werden auch die Macht, die Politik und das Geld als etwas »Dreckiges« angesehen. Es kommt darauf an, wie wir damit umgehen - gelöst oder fixiert. Es ist heute zuweilen sogar so, dass man Menschen suchen muss, die noch Verantwortung oder einen Posten übernehmen wollen. Es ist ihnen zu viel Arbeit und Stress, und man will nicht ständig in der Kritik stehen. Benedikt, der später selbst als Abt Verantwortung übernehmen wird, kann nicht als Beispiel herhalten, um ganz auf Machtausübung zu verzichten.

Aber sein Lebensweg ermuntert uns, darüber zu reflektieren und uns, so weit wie möglich, von dem Wunsch nach Macht zu lösen. Wenn ich sie nicht mehr »brauche«, diene ich den anderen am meisten. Derjenige, der am meisten Macht in der katholischen Kirche hat, ist der Papst. Er trägt aber den Titel »servus servorum«, Diener der Diener. Das wäre der Anspruch. Je höher ich steige, desto mehr sollte mein Amt ein Dienst sein. Das geht auf Jesus zurück: »Ihr wisst, dass die, die als Herrscher gelten, ihre Völker unterdrücken und ihre Großen ihre Macht gegen sie gebrauchen. Bei euch aber soll es nicht so sein, sondern wer bei euch groß sein will, der soll euer Diener sein, und wer bei euch der Erste sein will, soll der Sklave aller sein. Denn auch der Menschensohn ist nicht gekommen, um sich dienen zu lassen, sondern um zu dienen und sein Leben hinzugeben als Lösegeld für viele« (Markus 10,42-45).

Auf der strukturellen und organisatorischen Ebene will Macht kontrolliert sein, damit sie nicht missbraucht werden kann. Auf diesem Prinzip beruhen die modernen Demokratien. Aber schon die 1500-jährige monastische Tradition kennt die Kontrolle der Macht. In einem Kloster hat der Abt zwar fast uneingeschränkte Autorität. Die

Satzungen des Klosters und der Kongregation, des Klosterverbandes, sehen aber zahlreiche Maßnahmen vor, die Macht zu begrenzen und transparent zu machen: durch ein Beratungsgremium, das Seniorat, das der Abt in bestimmten Fällen hören muss (vgl. auch RB 3); durch Ausgabenobergrenzen und vor allem durch die sogenannte Visitation, in der Mönche anderer Klöster das Leben der Gemeinschaft unter die Lupe nehmen und gegebenenfalls den Abt auffordern können zurückzutreten, wenn er das Vertrauen der Mönche nicht mehr hat. Dieses wird in einer geheimen Abstimmung erfragt. Benedikt selbst macht in seiner Regel klar, dass jeder, der eine Position im Kloster innehat, nicht über der Regel steht, sondern an sie gebunden ist: »Denn je höher er (der Prior) über andere gestellt ist, umso eifriger muss er die Vorschriften der Regel halten« (RB 65,17). Auf der spirituellen Ebene schärft er dem Abt ein: »Er wisse: Wer die Leitung von Seelen übernimmt, muss sich bereiten, Rechenschaft abzulegen. Für so viele Seelen, als er für Brüder verantwortlich ist, für sie alle, das wisse er ganz sicher, ist er am Tag des Gerichtes dem Herrn Rechenschaft schuldig, dazu ohne Zweifel auch für seine eigene Seele. Stets in Furcht vor der Untersuchung, die ihm als Hirt der ihm anvertrauten Schafe bevorsteht, wird die Verantwortung für andere ihm helfen, die Verantwortung für sich selbst ernst zu nehmen. Und indem er mit seinen Mahnungen anderen zur Besserung verhilft, wird der frei von eigenen Fehlern« (RB 2,37–40).

Auch die besten rechtlichen Regelungen haben nämlich ihre Grenzen, wenn ein Oberer nicht selbst an sich arbeitet und sich in seiner Amtsführung ständig hinterfragt. Das könnte Benedikt in Vicovaro gelernt haben: Es geht darum, in sich selbst den Ort zu erreichen, an dem ich gelassen und frei und verantwortungsvoll mit Machtausübung umgehen kann.

Anhänglichkeiten an den Machtwunsch sind bekannt. Da gibt es Menschen, die jedes Prinzip und jede Überzeugung opfern, um weiter an der Macht zu bleiben. Da sind die, die ihre Freundschaften dem

Machtwunsch opfern, jene, die Beziehungen und »Freundschaften« nur aufbauen, um sie später nutzen zu können. Da sind die, die nach außen hin ganz bescheiden tun, gerne die zweite Geige spielen, aber von dort aus umso mehr Einfluss nehmen können. Das ist heute eine sehr beliebte Art, Macht auszuüben, wobei man sich immer schadlos halten kann und nie Rechenschaft ablegen muss. Es würde sich auch lohnen, einmal über den Machtgebrauch der »Influencer« nachzudenken.

Für die eigene Reflektion, für die Stärkung des Mönchs in mir, mögen diese Fragen helfen:

- Wo trage ich Verantwortung? Wie gehe ich damit um? Ich darf dankbar sein für das Vertrauen, das mir dabei entgegen gebracht wird.
- Wo bin ich meiner Verantwortung nicht gerecht geworden? Wo habe ich zugunsten der Macht und gegen die Menschen entschieden? Bei wem sollte ich deshalb um Entschuldigung bitten?
- Wo könnte ich mehr Verantwortung übernehmen? Welche Talente habe ich von Gott geschenkt bekommen, die ich noch nicht entwickelt habe?

Bei mir sein

KAPITEL 3,5

In der *Vita* heißt es im Fortgang der Geschichte:

> Dann kehrte Benedikt an die Stätte seiner geliebten Einsamkeit zurück. Allein, unter den Augen Gottes, der aus der Höhe herniederschaut, wohnte er bei sich selbst.

Es ist das erste Mal, dass nach vielen dramatischen Situationen wirklicher Frieden einkehrt im Leben Benedikts. Gregor markiert diesen Punkt mit den Worten »*habitavit secum*«: Benedikt wohnte bei sich selbst. Was bedeutet das? Denn wo sonst könnte man wohnen als bei sich selbst? Da gibt es jedoch viele Alternativen. Zum Beispiel kann man außer sich sein. Man kann »nicht bei sich sein«. Man kann nicht man selbst sein. Bei sich zu sein ist hingegen nach vielen Kämpfen und ungeplanten Wegen für Benedikt eine Gnade und wahrscheinlich das Schönste, was man auf dem geistlichen Wege erleben kann. Es ist sozusagen das Ziel und die Bestimmung des »Mönchs in mir«.

Bei sich sein meint nichts »Außerirdisches«. Jeder und jede von uns kann dorthin gelangen und hat es sicher auch schon erlebt. Ich habe einmal in einem Café einen Kellner erlebt, der ganz bei sich war. Er war freundlich, fröhlich, professionell, er hatte die richtige Nähe und Distanz zu den Gästen und man konnte spüren: Dieser Mann ist auch zu Hause zufrieden. Er ist zufrieden mit sich selbst. Das ist das Wort, das ebenfalls in diese Situation passt: Frieden. Im Englischen sagt man: »He is at peace, she is at peace.« Da ist eine stille, aber starke Übereinkunft mit sich selbst, mit der Welt, mit der konkreten Situation und mit Gott. Das meint es, bei sich zu wohnen. Doch wo hatte Benedikt vorher gewohnt? Ganz praktisch gesehen: bei seinem Vater, bei seiner Amme, unter den Augen des Romanus. Aber auch: in den kulturellen Konventionen. In seinen Fantasien. In seiner Eitelkeit. Nichts mehr von alldem nun, jetzt ist Benedikt er selbst. So, wie er ist. So, wie er von Gott gemeint ist. So, wie Gott ihn stündlich, sekündlich erhält, belebt und liebt.

Ich bin vor vielen Jahren – lange, bevor der Jakobsweg seine große Renaissance erlebte – mit Schülern nach Santiago de Compostela gewandert. Es war eine wunderbare Pilgerfahrt. Die Schüler und Schülerinnen waren eifrig dabei, auch Ehemalige, Lehrer und Eltern wanderten mit. Nach insgesamt vier anstrengenden, fruchtbaren Wochen mit Rucksack und Wanderschuhen standen wir schließlich vor den Toren Santiagos. Viele werden dieses Gefühl von diesem oder einem ähnlichen Pilgerweg kennen. Pilgern ist eine einfache und doch geniale Weise, zu sich selbst zu kommen. Am Abend vor unserer Ankunft also hatten wir wie jeden Abend eine Reflexionsrunde, in der jeder und jede sich äußern konnte und in der wir miteinander beteten. An diesem Abend war unsere Frage: »Wie geht es mir jetzt, am Vorabend unserer Ankunft in Santiago?« Ich erinnere mich genau an die Antworten. Die meisten sagten, sie seien so froh, dass sie nun fast am Ziel seien. Sie freuten sich riesig, endlich ankommen zu können. Ich dagegen war der Einzige, der anders fühlte. Ich war damals in einer schwierigen Phase meines Lebens, und mein Weg kam mir vor wie ein Labyrinth. Tatsächlich hatte ich mich auf dem Jakobswegs selbst pudelwohl gefühlt, denn ich konnte ausdrücken, was ich in meinem Innersten fühlte: Ich war auf dem Weg. Nichts war fertig. Ich war nicht fertig. Ich wusste nicht genau, wie der Weg weitergehen würde. Solange ich wanderte, war ich in Frieden. Die Aussicht aber, morgen anzukommen, machte mir nicht nur Angst, sie gab mir überhaupt keinen Frieden, da ich wusste, ich würde nicht wirklich ankommen. Meine Füße würden vielleicht ankommen, mein Herz hingegen nicht. Auf meinem Lebensweg war ich viel zu sehr auf der Suche, sodass diese Ankunft höchstens eine Zwischenetappe sein würde. Ich war ehrlich genug, das zu äußern, und es war auch kein großes Problem für die anderen. Am nächsten Morgen brachen wir auf. Wir starteten früher als sonst, denn wir wollten mit der aufgehenden Sonne in die Stadt hineinlaufen. Wir gingen – wie jeden Morgen – im Schweigen. Mit der Zeit stimmten wir Lieder an, und so trug uns der Gesang bis zur Kathedrale hinauf. Es war unvergesslich. Als ich vor der Kathedrale stand, erfasste es mich. Ich heulte wie ein Schlosshund. Die Tränen hörten nicht auf zu fließen, auch als wir hineingingen und ich mich dem Brauch gemäß über die Schultern der großen Jakobusstatue am Hochaltar »hängte«. Alle Schwere der Reise fiel von mir ab. Und ich wusste: Ich komme an! Ich werde ankommen. Es war eine Offenbarung für mich. Bis zu diesem Moment war der Himmel keine besondere Größe für mich gewesen. Nun aber wusste ich – und ich weiß es bis heute: Ich werde ankommen. Der Weg hat ein Ende. Man sagt ja gerne: Der Weg ist das Ziel. Und genauso hatte ich mich auch auf der Pilgerfahrt gefühlt. Jetzt aber wusste ich: Das

Ziel ist das Ziel. Der Weg geht nicht immer weiter und weiter und weiter. Nein, einmal ist Schluss. Und dann bin ich am Ziel. Und dann bin ich zu Hause. Und dann wohne ich bei mir. Das ist der Himmel. Ich habe, ehrlich gesagt, überhaupt keine Lust, an eine Reinkarnation zu glauben. Selbst wenn ich an meiner tieferen Berufung vorbeigelebt haben sollte in meinem Leben, wird Gott sich mir am Ende dennoch respektvoll und liebevoll zuwenden, so unfertig ich auch bin, und dann werde ich zu Hause sein. Denn das ist, was mir augenblicklich in Santiago aufging: Das Ankommen ist nicht etwas, das ich allein leisten muss. Es ist eine Gnade. Deshalb heißt es in der Geschichte Benedikts: »Allein, unter den Augen Gottes, der aus der Höhe herniederschaut, wohnte er bei sich selbst.«

Benedikt ist an dieser Stelle seines Lebens angekommen. Die Reise ist zu Ende, auch wenn der Weg noch weitergeht. Er ist er selbst und nun weiß er, was es bedeutet und wie es sich anfühlt, man selbst zu sein. Für Gregor ist bei sich zu sein eine andere Formulierung für bei Gott zu sein. Eigentlich können wir nur bei uns sein, wenn wir bei Gott sind, denn er kennt uns besser und liebt uns mehr. Er hat uns geschaffen. Der Weg Benedikts ist ein Weg des Loslassens. Ziel war, alles loszulassen, was nicht er selbst war, und sich von seinem tiefsten Inneren finden zu lassen. Es war ein Weg der Loslösung, auf dem er sich von allem befreite, was nicht er selbst und Gott war. Ein Weg, auf dem sich Schritt für Schritt herausgeschält hat, was seine Berufung ist.

Was sich jetzt anhört wie die große Erleuchtung, auf die viele warten, ist eigentlich gar nichts Besonderes. Denn es kann uns jeden Tag, jede Minute passieren. Immer dann, wenn wir nah genug dran sind an Gott und weit genug weg von unserem Ego. Es können diese Mini-Momente im Alltag sein, in denen alles gut ist, in denen wir bei uns selbst wohnen. So wie der Kellner. Die Möglichkeit dazu haben wir immer und überall. Oder, wie es Karl Valentin formulierte: »Heute mache ich mir eine Freude und besuche mich selbst. Hoffentlich bin ich daheim.« Unsere »Arbeit« besteht nur darin, uns immer wieder »schälen« zu lassen. Loszulassen, was uns eigentlich gar nichts bringt, keine Angst zu haben, auf das zu verzichten und aufzugeben, was uns nicht wirklich glücklicher macht.

Dabei ist die Formulierung »bei sich selbst wohnen« nicht neu und keine Erfindung Gregors. Wir finden sie bereits in Platons Phaidon, wo der Philosoph »allein bei sich selbst wohnt«, im Tod, wenn er vom Körper getrennt ist. Auch beim Dichter Persius findet sich die Formulierung. Gregor aber ist der Einzige, der hinzufügt: »und dem Blick Gottes«. Das ist entscheidend. Benedikt bricht nicht auf, um sich selbst zu finden. Am Anfang seines Weges nennt Gregor die Motivation: Benedikt wollte Gott mehr gefallen als den Menschen. Gott zu gefallen ist ein biblisches Motiv (vgl. 1 Korinther 7,32; 2 Timotheus 2,4). Auf diesem Weg aber findet er sich selbst. Es spricht manches dafür, den Weg so anzugehen, denn wenn es darum geht, loszulassen, dann ist ja der, an dem ich am meisten hänge, ich selbst. Auf die benediktinische Weise kann Gott, der zunächst wie außerhalb von mir scheint und dem ich zu gefallen suche, mir helfen, von mir selbst loszukommen. Hier mag auch ein Unterschied zwischen dem westlichen und dem östlichen Mönchtum liegen: Die Leere, die das Losgelöstsein, die Freiheit und die Einsamkeit mit sich bringen, ist im christlichen Glauben ausgerichtet auf ein »Leben in Fülle« (Johannes 10,10). Denn für den christlichen Mönch wird diese Leere mit einer Person gefüllt: »Christus nichts vorziehen.«

Kehren wir jedoch noch einmal zurück in diesen Zustand des Bei-sich-Wohnens. Ich lade Sie ein, selbst dort ein wenig zu verweilen. Ich habe immer wieder in Kursen und Exerzitien die Teilnehmerinnen und Teilnehmer gefragt, wie sie diese Momente erlebt haben oder beschreiben könnten. Dabei kamen folgende Formulierungen zur Sprache, die uns helfen können, uns wieder daran zu erinnern:

- Ruhe des Körpers
- Ruhe der Seele
- Ohne Wunsch sein
- Zufrieden sein
- In Frieden mit den anderen sein
- Ruhe
- Stille
- Wie ein Kind in den Armen seiner Mutter
- Gesättigt
- Ja zu sich selbst sagen, Ja zur Welt sagen, Ja zu Gott sagen
- Freude
- Wiedergeboren
- Gereinigt
- Getröstet
- Offen
- Ehrlich
- Wachsam
- Aufmerksam
- In Harmonie
- Klar
- Frei
- Es könnte immer so bleiben
- Die Ewigkeit berühren
- Eine Ermutigung sein für alle, die suchen

Die Geschichte Benedikts lädt jeden ein, ihm auf dem Weg des *habitare secum* zu folgen und dort zu verweilen, wenn wir diese Momente spüren: »Sei still und wisse, dass ich Gott bin« (Psalm 46,10).

Alles Loslassen

KAPITEL 17 UND KAPITEL 37

Man könnte ewig in diesem Zustand bleiben. Es gibt keinen Grund, von dort wegzugehen. Die Zeit steht still. Wir sind dort jenseits von Zeit und Raum. Alles ist gut. Es braucht nichts mehr. Warum geht die Geschichte daher eigentlich noch weiter? Weil sie jetzt erst anfängt! Jetzt erst ist Benedikt frei, wirklich und wahrhaft zu leben. Von nun an ist alles Zugabe! Von nun an kann er alles gelassen und gelöst tun. Bevor wir ihm auch in diesen zweiten Abschnitt seines Lebens folgen und schauen, wie sein Leben in der neu gewonnenen Freiheit und Gottesverbundenheit aussieht, verweilen wir noch für einen kleinen Moment bei dem Gedanken des Loslassens. Das wird Benedikt nämlich begleiten, auch wenn er die Höhle verlässt und seinen Weg fortsetzt. Es wird zum Grundmotiv seines Lebens – und wahrscheinlich ist es das Grundmotiv jedes geistlichen Lebens. Es ist das Grundmotiv des Mönchs. Von nun an fällt ihm das Loslassen leichter, weil er dieses Prinzip erkannt, angenommen und bewusst durchlebt hat. Wenn man einmal gelernt hat, dass man nicht verliert, wenn man loslässt, kann man es leichter tun.

Für einen Moment verlassen wir in unserer Interpretation die strenge Reihenfolge der Kapitel und ziehen zwei Abschnitte vor. Diese spielen Jahre später in dem von Benedikt gegründeten Kloster Montecassino. Dort hat er eines Tages eine erschütternde Vision:

> Ein vornehmer Mann namens Theoprobus war den Mahnungen des Vaters Benedikt gefolgt und wurde Asket. Er führte ein vorbildliches Leben und genoss deshalb sein großes Vertrauen. Eines Tages kam er in Benedikts Zelle und sah, wie er bitter weinte. Er wartete lange und merkte, dass die Tränen kein Ende nahmen. Der Mann Gottes weinte, nicht wie er es bisweilen beim Beten tat, sondern aus großem Kummer. Da fragte er ihn nach dem Grund seiner Trauer. Der Mann Gottes erwiderte: »Dieses ganze Kloster, das ich erbaut habe, und alles, was ich für die Brüder eingerichtet habe, ist nach dem Ratschluss

des allmächtigen Gottes fremden Völkern preisgegeben. Nur mit Mühe habe ich erreichen können, dass mir das Leben der Brüder zugestanden wurde.«

Theoprobus hörte damals diese Worte; wir aber sehen ihre Erfüllung. Wir wissen, dass das Kloster vor Kurzem von den Langobarden zerstört worden ist. Nachts, als die Brüder schliefen, drangen sie dort ein und plünderten alles, konnten aber keinen einzigen Menschen ergreifen. So erfüllte der allmächtige Gott, was er seinem treuen Diener Benedikt versprochen hatte: Wenn er auch Hab und Gut den Eroberern preisgebe, werde er doch das Leben der Menschen schützen (Kap. 17).

Montecassino – das ist das große und erhabene Kloster, das Benedikt gegründet hat und es war die Frucht der körperlichen und geistlichen Mühen seines langen Lebens. Es war aber auch das lebendige Zeugnis der Lebenserfahrung, die er auf seinem Mönchsweg gesammelt hatte. Inzwischen bestand die Gemeinschaft aus dem Mutterkloster und mehreren anderen Klöstern. Hätte Gott Benedikt nicht in Ruhe lassen und darauf verzichten können, ihn vor seinem Tod von der Zerstörung Montecassinos wissen zu lassen? Auch wenn es sich bei dieser Geschichte um eine *prophetia ex eventu* handelt, das heißt eine Prophezeiung, die nach ihrer Erfüllung, der Zerstörung des Klosters im Jahr 577, aufgeschrieben wurde, so hat Gregor sie doch in die Lebensbeschreibung aufgenommen. Vielleicht wollte er damit deutlich machen, dass Benedikt bis zu seinem Lebensende immer wieder loslassen musste. Und hier ging es nicht um etwas Unbedeutendes, sondern um das Wichtigste, das er hatte: sein Kloster. Montecassino war »sein Baby«.

Wie sehr er mit dem Kloster verbunden war, sehen wir an der Tatsache, dass er an dieser Stelle bitterlich weint. Tränen spielen als Zeichen des Gebets in der monastischen Tradition eine wichtige Rolle. Im Gebet können einem immer wieder die Tränen kommen, wenn man vom Heiligen Geist angerührt wird (siehe RB, unter anderem 52,4). Hier aber weint Benedikt aus anderem Grund. Er trauert. Einmal mehr wird deutlich, dass das Losgelöstsein im Sinn des christlichen Mönchswegs kein »Sich-unberührbar-Machen« ist; dieser Weg macht nicht taub und empfindungslos, im Gegenteil, er macht uns sensibler und auch verletzlicher.

Nicht nur alles, was nicht zu mir gehört, muss ich auf dem Weg zum »Mönch in mir« lassen, sondern auch das, was ich hervorgebracht habe, die Frucht oder die Früchte meines Lebens. Und diese gehören nun wirklich zu mir! Diese bin ich zu einem Teil selbst. Ich denke, alle Eltern werden diese Erfahrung nachempfinden können, wenn sie ihre Kinder ins Leben entlassen. Sie sehen vielleicht, dass die Kinder Wege gehen, die sie so nicht verstehen oder nicht befürworten. Ich denke auch an den extremen Fall, wenn Eltern ein Kind durch einen zu frühen Tod verlieren. Ich denke an Lebenswerke, die man aufgeben muss oder musste: ein eigenes Geschäft, ein Haus oder beim Renteneintritt den Beruf, den man geliebt hat, die Menschen, mit denen man zusammengearbeitet hat, das Gefühl und die Tatsache, gebraucht zu werden. Ich denke an Dinge, in denen man richtig gut ist, ein Experte oder eine Expertin, und die nun nicht mehr gefragt zu sein scheinen. Etwas stirbt von mir, es ist wie ein kleiner vorgezogener Tod.

Immerhin kann Benedikt im Gebet noch seine Brüder retten. Ein Zeichen, wie sehr er seine Gemeinschaft geliebt hat und um ihre Zukunft besorgt war wie ein guter Vater oder eine gute Mutter. So können auch wir dafür beten, dass etwas von dem, was wir loslassen müssen, weiterlebt, sei es auch in einer Weise, die wir nicht mehr überblicken oder kontrollieren können. Benedikt findet jedenfalls Trost, als er darum bittet. Und seine Gemeinschaft besteht tatsächlich bis heute. Als Montecassino im Jahr 577 von den Langobarden in den Wirren der Völkerwanderung zerstört wurde, konnten sich die Mönche nach Rom in den Lateran retten. Später wurde das Kloster übrigens immer wieder zerstört und wieder aufgebaut, sodass es sich selbst das Motto gegeben hat: »*Succisa virescit*« – »Abgeschlagenes ergrünt wieder«.

Die Geschichte der Vision der Zerstörung Montecassinos wirft auch für mein Leben die Frage auf: Was bleibt? Benedikt lehrt mich, dass es sich lohnt, selbst die Früchte des eigenen Lebens, die aus unserer

Liebe hervorgegangen sind, loszulassen, quasi in Gottes größere Liebe und Vorsehung hinein, wo sie für immer aufgehoben ist. Denn nichts von dem, was wir geliebt haben, wirklich und mit ganzem Herzen und ganzer Seele, ist verloren. »Für jetzt bleiben Glaube, Hoffnung, Liebe, diese drei; doch am größten unter ihnen ist die Liebe«, sagt Paulus im Korintherbrief (1 Korinther 13,13).

In der zweiten Hälfte der Lebensbeschreibung Benedikts (Kap. 37) gibt es noch eine weitere dramatische Geschichte, die eindrücklich auf das Motiv des Loslassens und des Sich-Loslösens hinweist. Es ist die über das Sterben Benedikts:

> Das Jahr, in dem Benedikt aus dem Leben scheiden sollte, war gekommen. Da sagte er seinen Jüngern im Kloster und einigen in der Ferne den Tag seines heiligen Todes voraus. Die bei ihm lebten, wies er an, über das Gehörte zu schweigen, die Abwesenden wies er auf ein bestimmtes Zeichen hin, das sie empfangen sollten, wenn seine Seele aus dem Leib scheiden werde.
>
> Sechs Tage vor seinem Tod ließ er sein Grab öffnen. Bald darauf befiel ihn hohes Fieber, und große Hitze schwächte ihn. Von Tag zu Tag verfielen zunehmend seine Kräfte. Am sechsten Tag ließ er sich von seinen Jüngern in die Kirche tragen; dort stärkte er sich durch den Empfang des Leibes und Blutes unseres Herrn für seinen Tod. Er ließ seine geschwächten Glieder von den Händen seiner Schüler stützen, so stand er da, die Hände zum Himmel erhoben, und hauchte unter Worten des Gebetes seinen Geist aus.

Gregor der Große benutzt wieder einmal ein Zitat aus der Bibel: Wir sehen Benedikt mit erhobenen Armen dastehen. Und weil er keine Kraft mehr hat, stützen ihn seine Mitbrüder. Das ist die Gebärde des Propheten Mose im Buch Exodus des Alten Testaments, der die Arme erhebt, um sicherzustellen, dass die Israeliten den Kampf gegen den feindlichen Amalek gewinnen (Exodus 17,12). Sobald er seine Arme sinken lässt, drohen die Israeliten den Kampf zu verlieren. So helfen ihm seine Gefährten.

Hier geht es um den »letzten Kampf« des heiligen Benedikt in seinem irdischen Leben. Es ist sein Weggang aus dieser Welt, sein Sterben. Die meisten Menschen sterben im Liegen, sofern das Sterben nicht völlig überraschend kommt. Benedikt wählt bewusst einen anderen Weg. Er will stehend sterben. Das ist erstaunlich. Warum tut er sich diese letzte Strapaze an? Er hat in seinem Leben vom Anfang an und immer und immer wieder gelernt, dass der geistliche Fortschritt das Loslassen zur Voraussetzung hat. Dass nur der, der das Leben nicht festhält, das Leben gewinnt. Er hat damit exakt erfahren, was Jesus in diese Worte fasst: »Denn wer sein Leben retten will, wird es verlieren; wer aber sein Leben um meinetwillen verliert, wird es finden« (Matthäus 16,25). Er ließ seinen Vater zurück - und gewann Romanus als väterlichen Freund. Er ließ seine Amme zurück - und wurde geradezu mütterlich empfangen von einer ihn bergenden und nährenden Umgebung in Subiaco. Er ließ die Fixierung auf das Loslassen zurück - und durfte von da an dankbar annehmen, wenn ihm jemand Leben schenkte wie Romanus das tägliche Brot. Er ließ die Kirche zurück - und durfte Vater einer »Kirche in klein« werden, einer *ecclesiola*, die sich später zu einer großen Bewegung entfaltete und einen wichtigen Beitrag zur Universalkirche leistete. Er ließ die Zivilisation zurück - und wurde mit seiner monastischen Lebensweise kulturprägend für ganz Europa und darüber hinaus. Er verzichtete auf die narzisstische Ausübung seiner Sexualität - und wurde fruchtbar und zum Vater von hunderten Mönchen. Er ließ seinen Willen zur Macht los - und wurde zum Führer zahlreicher Gemeinschaften.

Die Rede vom Loslassen und Wiedergewinnen ist nicht nur ein netter spiritueller Spruch, geeignet für eine Glückwunschkarte, Jesus sagt das nicht nur so dahin, sondern es berührt das menschliche Leben in seiner existenziellen Tiefe, wie es Jesus, der Sohn Gottes, vorgelebt hat. Denn er selbst hat losgelassen: Er nabelt sich von seinen Eltern ab, als er als Zwölfjähriger seiner Berufung nachgeht, nämlich bei den Lehrern der Schrift im Tempel zu sein, anstatt sich um die Sorge der Eltern zu kümmern. Jesus lässt seinen spirituellen Lehrer

Johannes den Täufer hinter sich, um seinen ganz eigenen Weg zu gehen, um die Menschen zu heilen und ihnen zu predigen. Er muss seine Heimat loslassen, als er feststellt, dass dort keine Wunder zu vollbringen sind. Jesus versteht, dass ein Prophet in seiner Heimat nicht anerkannt ist. Von da an hat er keinen Ort mehr, wo er »sein Haupt hinlegen« kann (vgl. Matthäus 8,20). Er muss die Vorstellung loslassen, dass ihn die Offiziellen seiner Religion in seiner Mission unterstützen. Er lässt immer wieder die Verehrung der Menschen hinter sich, die ihn zum König machen wollen und ihm auf Schritt und Tritt folgen, sobald er bekannt geworden ist. Stattdessen zieht er sich immer wieder zum Beten auf einen Berg oder die andere Seite des Sees zurück. Als es eng wird, muss er den Wunsch loslassen, dass wenigstens seine Jünger zu ihm halten. Deren Untreue und Angst sieht er mehrfach voraus. Er muss darauf verzichten, die wichtigsten Dinge seiner Botschaft an alle zu verkünden, obwohl sie doch für alle gedacht sind. Er muss sich von der Vorstellung lösen, dass alle Menschen immer ihr eigenes Heil wollen. Wie sonst könnte es dazu kommen, dass er manchmal keine Wunder wirken kann (vgl. Markus 6,5)? Er muss beim Letzten Abendmahl von seinen geliebten Jüngern Abschied nehmen. Im Johannesevangelium braucht er dafür eine lange Rede. Es ist ihm nicht leichtgefallen. Schließlich muss er sich von seinen eigenen Vorstellungen über den Verlauf seines Lebens lösen, als ihm dämmert, dass er in den Tod gehen wird. Er klammert sich an sein Leben, wie jeder von uns es tun würde: »Herr, lass diesen Kelch an mir vorübergehen.« Und dann, nach einem langen Ringen, das sich die Tradition mit »Blut schwitzen« ausmalt, willigt er schließlich ein: »Aber nicht mein, sondern dein Wille soll geschehen« (Lukas 22,42). Schließlich gibt er sein ganzes Leben her wie ein Samenkorn, das in die Erde fällt und stirbt, damit es reiche Frucht bringt – gemäß einem anderen Deutewort, das er im Voraus den Jüngern mitgeteilt hat.

Wie viel Gutes hätte er noch vollbringen können, wie viele Menschen heilen, ernähren, wie viel Böses ausrotten können? All das bricht nach wenigen Jahren abrupt ab durch seinen absurden Tod, der – historisch gesehen ist das weitgehend gut belegt – das Ergebnis der Ränkespiele politischer und religiöser Machthaber war. So wie der heilige Benedikt oft vor dem Rätsel seines Lebens stand, scheint es auch für Jesus zuletzt eine große Frage gewesen zu sein: »Mein Gott, mein Gott, warum hast du mich verlassen?« (Matthäus 27,46). Es scheint, als habe ihn das Leben in diesem Moment sogar von Gott gelöst, seinem geliebten Vater, der ihm so oft zugesagt hatte: »Du bist mein geliebter Sohn.« Und er haucht seinen Geist aus und stirbt.

Kehren wir noch einmal zu der starken Gebärde zurück, die Benedikt zeigt, wie er stehend stirbt. In der Nachfolge Jesu will er den Tod aktiv »erleben« und nicht nur erleiden. Das Prinzip des Todes ist ihm so sehr Prinzip des Lebens geworden, dass er den Tod erleben will. Er steht dazu auf. Er will ihn nicht verpassen, er will ihn nicht verschlafen. Er will ihn annehmen, mit offenen Armen, ihn begrüßen oder besser: Er will das Leben begrüßen, das auf der anderen Seite wartet. So oft hat er dieses Prinzip von Tod und Auferstehung erlebt, dass er nun das Vertrauen hat, auch dieses endgültige Loslassen würde eine wunderbare, hundertfache Entsprechung finden, da er in den Händen Gottes geborgen ist.

Unser Sterben ist unser großes Loslassen. Wir können uns darin schon langsam einüben. Anfang zwanzig sind wir biologisch auf unserem Höhepunkt, von da an geht es »bergab«. All unsere Bemühungen vom Workout bis zum Ersatz von Körperteilen können letztlich den Prozess des Sterbens nicht aufhalten. Wenn wir genug Geld haben, können wir ihn vielleicht verlangsamen. Benedikt entscheidet sich wie schon oft in seinem Leben nicht für das Vermeiden, sondern für das Annehmen der Wahrheit. Der Philosoph Robert Spaemann sagt einmal: »Wahrheit in einem nicht trivialen Sinn beruht immer auf einem Sich-Verlassen auf etwas, auf jemanden oder auf sich selbst.« So geht Benedikt auch seinen Tod an. Der Tod ist das letzte Sich-Verlassen. Ich verzichte auf alles. Ich muss alles hinter mir lassen. Nichts, rein gar nichts kann ich mitnehmen. Das Sterben ist das radikalste Loslassen in unserem Leben.

Benedikt wird hier zu einem Vorbild, wie man dieses Loslassen mit Gottes Gnade angehen kann: in froher Erwartung. Aktiv, nicht deprimiert und passiv. Benedikt will mehr. Er stirbt im Stehen. In seiner Regel hat er den Mönchen mit auf den Weg gegeben: »Den drohenden Tod sich täglich vor Augen halten« (RB 4,47). Das ist nicht als makabre Angstmache oder als lebensverachtende Askese gemeint, sondern entspricht schlicht der Realität, dass wir jeden Tag sterben könnten. Warum also warten mit der Vorbereitung? Benedikt hält sich den Tod in der Weise vor Augen, wie es in dieser Geschichte beschrieben ist: hoffnungsvoll, erwartungsvoll, gespannt. Meine Erfahrung in der Sterbebegleitung von Mitbrüdern bestätigt nicht die These, Menschen würden so sterben, wie sie gelebt haben. Menschen sterben wirklich sehr unterschiedlich. Das Sterben jedes Menschen gehört zu seinem Geheimnis. Von einem Mitbruder meines Klosters wird erzählt, was seine letzten Worte im Sterben gewesen seien: »Ich bin gespannt wie ein Flitzebogen!«

Gebet von Klaus von der Flüe (1417–1487)

Mein Herr und mein Gott,
nimm alles mir,
was mich hindert zu dir.

Mein Herr und mein Gott,
gib alles mir,
was mich fördert zu dir.

Mein Herr und mein Gott,
nimm mich mir
und gib mich ganz zu eigen dir.

Das Ende dieses Kapitels nehme ich zum Anlass, ein wenig über die Begrifflichkeiten der hier angebotenen Interpretation nachzudenken:

Zu Gregors Zeiten spielte der Begriff des »Loslassens« keine Rolle. Er ist ausgesprochen deutsch und trat zum ersten Mal im theologisch-spirituellen Kontext bei Meister Eckhart auf (ca. 1260–1327). Dieser spricht vom »Lassen« und davon, dass wir alle Bilder von Gott lassen sollen. Ich finde den Begriff deswegen hilfreich, weil er in heutiger Sprache auf ein Phänomen aufmerksam macht, das von Anfang an die christliche Spiritualität geprägt und gekennzeichnet hat, für das aber immer wieder auch neue Benennungen gefunden wurden. Ein Hymnus im Philipperbrief (2,5–11) schreibt ursprünglich davon:

»Seid untereinander so gesinnt, wie es dem Leben in Christus Jesus entspricht: Er war Gott gleich, hielt aber nicht daran fest, Gott gleich zu sein, sondern er entäußerte sich und wurde wie ein Sklave und den Menschen gleich. Sein Leben war das eines Menschen; er erniedrigte sich und war gehorsam bis zum Tod, bis zum Tod am Kreuz. Darum hat ihn Gott über alle erhöht.«

Im griechischen Original steht für »entäußern« der Begriff »*kenuo*«. Er bedeutet eigentlich: leer werden, nichts werden. Jesus lässt nicht nur, wie jeder Mensch es tun muss, immer wieder los in seinem irdischen Leben. Er, der Gott war, lässt sogar seine Gottheit los und macht sich leer. So will er sich immer wieder von seinem Vater »füllen« lassen und den Willen des Vaters ganz erfüllen. Es ist faszinierend: Drei Jahrhunderte lang haben die Christen gerätselt, wer dieser Jesus ist. Die einen sagten schon zu seinen Lebzeiten: »Er ist der Sohn des Zimmermanns« (Matthäus 13,55), also ein Mensch. Die anderen aber sahen in ihm den Messias oder den Sohn Gottes, also Gott. Das Konzil von Nicäa im Jahr 325 n. Chr. entschied schließlich: Christus war Gott *und* Mensch, beides zugleich.

Mit dem Weg der »Entleerung« hat Christus allen Menschen denselben Zugang aufgeschlossen. Wie ein Gefäß sind alle eingeladen, sich füllen zu lassen, würde Meister Eckhart sagen, um ganz voll von Gott zu sein. Dabei geht es darum, als neue, Gott anhängige Menschen die neu gewonnene Freiheit nicht durch alte Anhänglichkeiten zu verlieren: »Zur Freiheit hat uns Christus befreit. Steht daher fest und lasst euch nicht wieder ein Joch der Knechtschaft auflegen!«, sagt Paulus im Galaterbrief (Galater 5,1). Der Weg zum neuen Menschen geht über die Angleichung an den Weg Jesu: durch den Tod zum neuen Leben. Insofern ist jeder Christ, jede Christin ein österlicher Mensch. Er ist ein Mensch, der »erlöst« ist durch Christus, das beinhaltet eine Bekehrung, eine Loslösung vom alten Leben.

Im Lauf der Spiritualitätsgeschichte gab es für diese Dynamik dann verschiedene Begriffe: Entsagung, Selbstverleugnung, Entäußerung, Abtötung. Jeder dieser Begriffe drückt einen Aspekt des Phänomens aus. Ich habe »Loslassen«, »sich lösen« gewählt (englisch: *detachment*, italienisch: *distacco*), weil es zunächst vielleicht weniger abschreckt. Und doch handelt es sich dabei um ein schrittweises Ablegen des Egos (Selbstverleugnung), um ein Sich-Verwurzeln außerhalb unserer selbst, in Gott (Entäußerung) und tatsächlich um kleine Tode (Abtötung), in die hinein uns das Leben ruft.

Von der Höhle auf den Berg

Das Leben Benedikts ist dramatisch, der junge Mann scheut nicht die Extreme. Er, der später ein Meister der guten Balance wird, der *discretio*, wie er es selbst in der Regel nennt, also der weisen Unterscheidung und des richtigen Maßes, hat keine Angst, in extreme Situationen zu gehen. Wie sonst kann man seine Zeit in der kalten und engen Höhle einordnen? Schließlich kommt er aber von einem Extrem ins nächste: Aus der Abgeschiedenheit der Höhle zieht er auf einen hohen Berg, den Montecassino. Aus der Einsamkeit, wo niemand ihn finden kann, begibt er sich in die Exponiertheit, wo alle ihn sehen können.

Seit geraumer Zeit sind extreme Sportarten Mode geworden. Ich kann sie mir nur so erklären, dass wir an unsere Grenzen kommen wollen und sogar darüber hinaus, wenn das Leben selbst uns nicht in solche

Situationen bringt. Und tatsächlich wachsen wir ja besonders an unseren Grenzen. Jugendliche müssen hier und da in die Extreme gehen, um sich auszutesten und sich kennenzulernen. Benedikt war ebenfalls jung, als er sich in die Höhle zurückzog. Ein bürgerliches Leben, das die meisten von uns führen, droht beständig in die Mittelmäßigkeit abzurutschen. Das bedeutet, dass wir nichts mehr wagen, dass wir nicht mehr aus uns heraus gehen und nur noch die gewohnten Pfade betreten. Es gibt auch das andere Extrem, dass wir ständig einen neuen Kick brauchen. Wenn Benedikt in die Extreme geht – weg vom Elternhaus, in die Höhle, zu verkommenen Mönchen –, dann weil ihn sein Inneres leitet und er zu einer neuen Stufe gelangen soll.

Warum geht Benedikt also ausgerechnet auf einen Berg? Weil er sich nicht mehr verstecken muss. Weil er sich nicht mehr schämen muss. Er kann sich zeigen, frei und beherzt, weil er nun er selbst ist, in enger Nähe zu Gott. Die Wahl seines Klosters Montecassino auf dem Berg ist vielleicht auch von einer Bibelstelle der Bergpredigt inspiriert: »Eine Stadt, die auf einem Berg liegt, kann nicht verborgen bleiben. Man zündet auch nicht eine Leuchte an und stellt sie unter den Scheffel, sondern auf den Leuchter; dann leuchtet sie allen im Haus. So soll euer Licht vor den Menschen leuchten, damit sie eure guten Taten sehen und euren Vater im Himmel preisen« (Matthäus 5,14–16). Benedikt will sein Licht nun auf den Leuchter stellen. Was er auf seinem Weg erfahren und gelernt hat, könnte auch für andere Menschen relevant sein. Und tatsächlich kommen mehr und mehr Menschen zu ihm, wollen ihn hören oder sogar selbst als Mönch leben. So entstehen seine Klöster, zunächst zwölf Gemeinschaften um Subiaco herum, später sein Hauptkloster auf dem Montecassino und weitere in dessen Umgebung.

Wer schon einmal am Fuß dieses etwa 140 Kilometer südlich von Rom gelegenen Berges stand und zum Kloster hinaufsteigen wollte, wird beeindruckt gewesen sein. Das Kloster ist etwas, zu dem man »aufschauen« kann. Zugleich bietet es Benedikt eine ideale Umgebung, seine Höhlenerfahrungen in gewisser Weise fortzusetzen und zu vertiefen. Er nimmt sozusagen die Höhle mit auf den Berg. Der Berg bietet auch Abgeschiedenheit. Man sieht ihn zwar, sogar von Ferne, aber man kommt nicht so schnell hinauf. Nur wenn man wirklich hinaufsteigen will, kann man ihn erreichen. Das mag Benedikt und seine Brüder vor ungebetenen Gästen geschützt haben. 500 Höhenmeter ungeschützt in der Hitze zu überwinden, ist nicht unmöglich, aber beschwerlich.

Ein weiteres Element hat Benedikt mitgenommen: die Stille. So wie es in der Höhle still war – weil niemand anderes da war als er und Gott –, so hat er in seiner Regel für die Mönche auf dem Berg ein eigenes Kapitel über das Schweigen geschrieben. Auch die Klosterzelle könnten wir als eine kleine Höhle betrachten. Zu Benedikts Zeiten existierte sie allerdings noch nicht, weil die Mönche in Schlafsälen schliefen. Schließlich kann man den Habit als eine Art Höhle ansehen, in der man sich verbergen kann. Unabhängig davon, ob ich als Mönch oder »in der Welt« lebe, der »Mönch in mir« braucht zuweilen eine Höhle, in die er sich zurückziehen kann. Gerade dann, wenn er in seinem Leben sehr exponiert ist.

Wir wollen Benedikt nun auf den Berg folgen und sehen, wie die Gelassenheit, die er in den Höhlenjahren erlernt hat, im Gemeinschaftsleben ins Spiel kommt. Wie er die Freiheit, die er gegenüber der Welt gewonnen hatte, in einer konkreten Lebensweise umsetzt. Wie er, nachdem er alles gelassen hat, anfängt zu gestalten und die Gottnähe, die Gottverbundenheit praktisch lebt. Wie er sich im ganz normalen Alltag mit ganz normalen Menschen vertrauensvoll auf Gott verlässt. Um diesen Weg zu beschreiten, begleiten wir ihn weiter in der *Vita* nach Gregor dem Großen.

Benedikt wirkt im Folgenden zahlreiche Wunder, was eine enorme Außenwirkung hatte. Nach Adalbert de Vogüé lassen sie sich so einteilen: In Subiaco wirkt er vier Wunder (Kap. 3,14–7,4), es folgen zwölf weitere auf dem Montecassino. Bei Letzteren handelt es sich um Prophezeiungen (Kap. 11-22): Benedikt ist in der Lage, zukünftige Ereignisse zu sehen und vorauszusagen. Schließlich wirkt er weitere zwölf Wunder, die man als Wunder der Tat oder der Vollmacht bezeichnen könnte (Kap. 23-33). Interessanterweise wird das letzte dieser Wunder der Vollmacht nicht von ihm selbst, sondern von seiner Schwester Scholastika bewirkt.

In den Wundern zeigt sich die Nähe, die Benedikt zu Gott hat, der durch und mit ihm handelt. In diese Nähe ist er hineingewachsen durch den ersten Teil seines Weges, den man als Weg der Reinigung beschreiben könnte. Der syrische Theologe Pseudo-Dionysius Areopagit hat nicht allzu lange vor Gregor in seinen mystischen Schriften drei grundsätzliche Etappen des spirituellen Weges beschrieben. Er beginnt mit der *via purgativa*, dem »Weg der Läuterung«. Die zweite Phase nennt er *via illuminativa*, den »Weg der Erleuchtung«. Dieser mündet schließlich in die *via unitiva* oder *contemplationis*, in der sich der Mensch mit dem Willen Gottes vereinigt. Der Weg in die Höhle und in der Höhle war Benedikts Weg der Reinigung. Nachdem er ganz frei war für Gott, war er offen für das Licht aus der Höhe und das Einssein mit Gott (vgl. Kap. 35). Sein »Ich« ist gereinigt: Wo »ich« bin, sind keine Gedanken, Projektionen oder Wünsche mehr, sondern da ist Gott. Meister Eckhart drückt es so aus: »Wo der Mensch ausgeht, tritt Gott ein.« Solange wir uns an uns selbst klammern, verhindern wir, dass Gott eintritt.

Dem Problem auf den Grund gehen

KAPITEL 4

Nachdem Benedikt sich einige Jahre intensiv um seinen eigenen Weg gekümmert hat – die Zeit in der Höhle war quasi sein Noviziat –, beginnt er gleich, nachdem er die Höhle verlassen hat, sich um andere zu kümmern. Der Weg des Mönchs ist nicht Selbstzweck. Er ist nicht der Weg des Egoisten oder Narzissten. Der Mönch will dem anderen dienen, dem Leben, Gott. So beginnt Benedikts Reise als Abt auf folgende Weise:

In einem der Klöster, die Benedikt in der Umgebung hatte errichten lassen, gab es einen Mönch, der beim Gebet nicht ausharren konnte. Sobald sich die Brüder beim Gebet andächtig verneigten, ging er hinaus, ließ seine Gedanken umherschweifen und beschäftigte sich mit irdischen und nichtigen Dingen.

Schon oft hatte ihn sein Abt ermahnt, schließlich brachte er ihn zum Mann Gottes, der ebenfalls seine Torheit mit strengen Worten tadelte. Aber wieder in seinem Kloster, hielt die Ermahnung, die ihm der Mann Gottes gegeben hatte, kaum zwei Tage an. Am dritten Tag fiel er in seine Gewohnheit zurück und schweifte zur Zeit des Gebetes wieder umher.

Der Abt des Klosters, den Benedikt eingesetzt hatte, berichtete dies dem Diener Gottes. Dieser sagte: »Ich will selbst kommen und ihn bessern.« Der Mann Gottes kam also in das Kloster. Als die Brüder nach dem Psalmengesang zur festgesetzten Stunde im schweigenden Gebet verharrten, sah er, wie ein kleiner schwarzer Knabe jenen Mönch, der es nicht beim Gebet aushalten konnte, am Saum seines Gewandes hinauszog. Da sagte er leise zu Pompeianus, dem Abt des Klosters, und zum Diener Gottes Maurus: »Seht ihr nicht, wer es ist, der diesen Mönch hinauszieht?« Sie antworteten: »Nein.« Er sagte zu ihnen: »Lasst uns beten, damit auch ihr seht, wem dieser Mönch folgt!« Als sie zwei Tage gebetet hatten, sah es der Mönch Maurus, Pompeianus aber, der Abt des Klosters, konnte nichts wahrnehmen.

Als der Mann Gottes am folgenden Tag nach dem Gebet das Oratorium verlassen hatte, sah er den Mönch draußen stehen. Da schlug er ihn mit der Rute wegen der Blindheit seines Herzens. Von jenem Tag an hatte der Mönch keine Einflüsterung des kleinen schwarzen Knaben mehr zu ertragen, sondern verharrte gesammelt und andächtig beim Gebet. Der Alte Feind wagte es nicht mehr, die Gedanken des Mönches zu beherrschen, als hätte er selbst Schläge bekommen.

Benedikt hat gerade zwölf Klöster gegründet. Seine Sorge aber gilt nicht der Verwaltung, sondern den Menschen. So hat er auch die Leitung der Klöster sofort an Äbte delegiert. Als in diesem Fall Abt Pompeianus nicht zurechtkommt, zögert Benedikt nicht und kommt ihm sofort zur Hilfe. Aber auch hier achtet er die Subsidiarität und versucht zunächst, den Abt selbst das Problem lösen zu lassen. Benedikt stärkt ihm den Rücken. Er konzentriert sich auf das Wesentliche. In diesem Fall ist er frei dafür, die unguten Dinge zu erkennen und auszuräumen und so den Weg zu Gott zu eröffnen. Er treibt Dämonen aus, so wie es Jesus aufgetragen hat: »Heilt Kranke, weckt Tote auf, macht Aussätzige rein, treibt Dämonen aus!« (Matthäus 10,8). Und das tut er mit Erfolg.

Wir finden eine unklare Lage vor: Niemand versteht, warum der Mönch nicht beim Gebet bleiben kann. Seine Situation beschäftigt einige: seinen Abt, den Mönch Maurus und schließlich Benedikt. Wer oder was hält ihn vom Beten ab? Oft stehen wir im Leben vor Situationen, die ungut sind, wir wissen aber nicht, wie wir sie lösen könnten, weil wir dem Problem noch nicht auf den Grund gegangen sind, weil wir die Ursache einfach nicht sehen und verstehen. Im Gemeinschafts- oder Familienkontext zum Beispiel gibt es jemanden, der immer aus der Reihe tanzt. Sein Verhalten ist immer auffällig. Oder wir kennen einen Menschen, der immer wieder erkrankt. Die Ärzte stellen verschiedene Diagnosen, können aber nicht heilen, weil sie anscheinend die Ursache nicht erkannt haben. Die Geschichte ermutigt uns, nicht nachzulassen in der Frage: Wo ist das Problem - wirklich?

Der Mönchsblick hilft, dem Problem auf den Grund zu gehen. Es ist der Blick Benedikts, der aus der Tiefe der Höhle kommt und im Dunkeln zu sehen gelernt hat, der seinen eigenen Schatten ausführlich kennengelernt hat und nun auch die Schatten der Menschen erkennen kann. Dass es sich hier um eine Schattengeschichte handeln könnte, ergibt sich aus der Beschreibung des Dämons als »kleiner schwarzer« Knabe. Der Dämon könnte hier für den Schatten des Mönchs stehen, der ihn zieht. Unser Unbewusstes hat weit größere Macht als das Bewusste. Das Problem ist nicht moralisch und mit Ermahnungen zu lösen. Auch gutes Zureden hilft nicht. Es ist etwas anderes im betroffenen Menschen, das ihn zieht. Es geht darum, diese Dynamik zu erkennen, wer oder was einen da zieht. Dann kann sich das Problem lösen.

Der eigene Schatten hindert Menschen daran, »ganz« zu sein, das zu tun, was sie eigentlich tun wollen. Der Mönch, von dem hier erzählt wird, ist nicht bei sei. Er wohnt nicht bei sich. Dass der Dämon als Knabe beschrieben wird, könnte darauf hindeuten, dass es etwas aus der Kindheit des Mönchs ist, das ihn fortzieht, etwas aus seiner Vergangenheit, sein »dunkles Kind«.

Wie Benedikt den Bruder heilt, ist sicherlich auf den ersten Blick verstörend. Doch Michaela Puzicha weist in ihrem Kommentar zur Benediktsvita (176) darauf hin, dass wir die Schläge in ihrem historischen Zusammenhang verstehen müssen. So gab es die Tradition, einen Sklaven durch einen sogenannten Freiheitsschlag zu befreien. Dieser war keine Bestrafung, er wurde auch nicht als Prügel gesehen, sondern hatte im Gegenteil symbolische Bedeutung. Er stand für die endgültige Befreiung aus der Abhängigkeit.

Wir erfahren hier nicht wirklich, worin das Problem des Mönchs inhaltlich bestand. Wir können aber aus der Geschichte lernen, dass man nicht immer gleich die Lösungen eines Problems findet. Motivationen sind und bleiben oft verborgen – und zum Teil muss das so sein. Doch der »Mönch in uns« macht uns immer hellsichtiger für die eigentlichen Probleme und damit auch für mögliche Lösungen.

Treu bleiben, indem ich tiefer grabe

KAPITEL 5

Drei Klöster, die Benedikt in dieser Gegend errichtet hatte, lagen weit oben in den Felsen des Gebirges. Für die Brüder war es sehr mühsam, jedes Mal zum See hinabzusteigen, um Wasser zu schöpfen. Vor allem die steil abfallende Bergwand war sehr gefährlich und machte ihnen beim Abstieg Angst. So kamen die Brüder aus diesen drei Klöstern gemeinsam zum Diener Gottes Benedikt. Sie sagten: »Es ist sehr mühsam für uns, jeden Tag zum See hinabzusteigen, um Wasser zu holen. Die Klöster müssen unbedingt von dort verlegt werden.«

Benedikt tröstete sie liebevoll und entließ sie. In der folgenden Nacht stieg er mit dem jungen Plazidus – ich habe ihn bereits erwähnt – auf die Felsenhöhle. Dort betete er sehr lange. Nach dem Gebet legte er an dieser Stelle als Erkennungszeichen drei Steine übereinander. Dann kehrte er in sein Kloster zurück, ohne dass dort oben jemand etwas bemerkt hatte.

Am anderen Tag kamen die Brüder wegen der Mühsal des Wasserholens wieder zu ihm. Benedikt sagte: »Geht! Wo ihr drei aufeinandergelegte Steine findet, dort höhlt den Felsen ein wenig aus. Der allmächtige Gott kann doch auch auf jenem Berggipfel Wasser hervorsprudeln lassen, um euch die Mühsal des Weges zu ersparen.«

Sie stiegen wieder hinauf und fanden den Felsen, den Benedikt gekennzeichnet hatte. Da er schon feucht wurde, schlugen sie ein Loch, das sich sofort mit Wasser füllte. Das Wasser floss so stark, dass es bis heute reichlich hinabströmt und sich vom Gipfel des Berges ins Tal ergießt.

Wenn Benediktiner neue Klöster gründen, zum Beispiel in Afrika oder anderen Teilen der Welt, ist eine der ersten und drängendsten Fragen: Gibt es an dem Ort, an dem die Gemeinschaft leben soll, genügend gutes Wasser? Wenn nicht, müssen wir einen anderen Ort suchen. Die Mönche kommen hier also mit einem sehr realen Problem zu Benedikt. Dieser löst es auf ungewöhnliche Weise: Er betet. Und die Mönche finden Wasser.

Die Geschichte lehrt nebenbei, wie gute Leitung funktioniert: Benedikt ist da, er ist anzutreffen, als seine Mönche ihn brauchen. Er hört ihnen zu. Er redet das Problem nicht klein – »Ach, ihr schafft das schon, ist doch nicht so schlimm« –, er moralisiert nicht – »Ja, wenn ihr euch nur mehr anstrengen würdet« –, er urteilt nicht – »ihr Ängstlichen!«. Stattdessen geht er selbst an den Ort der Mühsal, als wenn er das Problem am eigenen Leib erfahren wollte.

Diese Geschichte enthält noch eine weitere Botschaft. Sie spricht über eines der Gelübde, das die Benediktiner ablegen und das sie von allen anderen Orden unterscheidet: das der *Stabilitas*. Wer nach der insgesamt sechs- bis neunjährigen Probezeit endgültig seine Profess ablegt, gelobt damit, immer am selben Ort und in der selben Gemeinschaft zu bleiben. Dieses Gelübde mag einem heute eigenartig anachronistisch vorkommen: an einem Ort – für immer? In einer Gemeinschaft – für immer? Wie kann das gehen? Ganz weit entfernt ist es allerdings nicht vom Ehegelübde, in dem man sich ebenfalls die Treue verspricht, in guten und in bösen Tagen, »bis der Tod uns scheidet«.

Die Geschichte erzählt von einer klassischen Situation, die alle kennen, die sich in ihrem Leben gebunden haben. Sie finden nicht mehr genug Wasser – und möchten weg. Für ein Benediktinerkloster ist es die *ultima ratio*, den Ort zu verlassen. Die Mönche hängen sehr an ihrem Ort, ihre Wurzeln sind ihnen wichtig. Kein Wunder also, das Benedikt zunächst nicht darauf eingeht und stattdessen die Mönche tröstet. Wie weise! Wir sollten dasselbe tun, wenn wir uns in dieser Not befinden. Wir sollten zu einem guten Freund, einem Mentor gehen und alle unsere Bedenken mit ihm teilen. Und wir sollten Trost suchen, echten Trost. Es kann einen in Trostlosigkeit stürzen, wenn wir realisieren, dass die Lebensentscheidung, die wir getroffen haben, nicht die richtige zu sein scheint oder nicht die, die wir durchhalten können. Benedikt gewinnt Zeit. Vorschnell zu handeln, würde gleichsam bedeuten, die Höhle zu verlassen. Wir würden uns damit selbst schaden.

In der gewonnenen Zeit betet Benedikt. Er tut dies während der Nacht. Da ist intimes Zusammensein mit Gott besonders gut möglich. Alles ist still, man ist allein mit Gott. Das Beten Benedikts in der Nacht ist auch ein Bild dafür, dass es hier wieder darum geht, ins Dunkle hinabzusteigen. Vom Beginn unserer endgültigen Verbindung an sind da Dinge gewesen, die noch nicht ans Licht gekommen sind. Niemand ist perfekt, wenn er heiratet, niemand, wenn er die Mönchsprofess ablegt. Weil man das weiß und weil man ehrlich mit seiner eigenen Schwäche sein will, binden viele sich heute lieber nicht mehr und heiraten nicht. Oder man wartet auf den perfekteren Partner.

Wer sich aber traut - zusammen mit Gott und im Glauben an dessen Treue und Führung -, darf getrost sein, dass Dinge, die noch unklar sind, zu ihrer Zeit ans Licht kommen und heil werden dürfen. Benedikt findet das Wasser gleich unter der Oberfläche. Es ist gar nicht schwer für ihn, es zu fördern - im Gegensatz zu den Mönchen, die lange unter größter Anstrengung und Gefahr Wasser von weiter hergeholt haben. Manchmal liegen die Lösungen unserer Beziehungsprobleme ganz nah. Und sind nicht schwer zu finden. Es ist viel schwerer, um sie auf die Dauer einen Bogen zu machen. Wenn Gott einen Bund gesegnet hat, gibt er das Versprechen, dass es mit seiner Kraft möglich sein wird, treu zu bleiben. Gott führt nicht in die Irre; wenn er dabei ist, wenn wir den Bund fürs Leben schließen, wenn wir ihn dabei sein lassen, wird er für alles sorgen, was wir dabei brauchen. Das bedeutet natürlich nicht notwendigerweise, dass eine Beziehung nicht auch einmal an ein Ende kommt oder man sich sogar zum Wohl der Beteiligten trennen muss. Die Geschichte ermutigt nur, an das Mitgehen und den Segen Gottes fest zu glauben.

Was war laut der Geschichte die Lösung für das Problem? Graben. Vertiefung. Die Versuchung besteht darin, auszuweichen. Geistliches Leben und Leben überhaupt kann nur gelingen durch Vertiefung. Mit der Bindung fürs Leben schränken wir gleichsam den Radius für unser Leben ein, dehnen aber seine Tiefe aus. Das ist, was man in langjährigen

Beziehungen erleben kann: Die Beziehung ist nicht mehr aufregend und neu, aber sie vertieft sich. Das ist aufregend. Und immer neu. Und mit der Tiefe kommt die Stabilität. Ein Baum, der größer wird und größeren Stürmen ausgesetzt ist, braucht umso tiefere Wurzeln.

Das Gelübde der Stabilität ist gleich dem Bekenntnis: Gott ist da. Wenn Gott da ist, warum sollte ich woanders hingehen? Wenn er da ist, muss er sich finden lassen. Ich will ihn dort, an diesem Ort, in dieser Gemeinschaft suchen, bis ich ihn finde. Es ist wie in der Geschichte: Das Wasser ist gerade da, wo die Mönche zu Hause sind. Man muss nur graben – und vorher beten.

Verbinden statt trennen

KAPITEL 6

Es folgt eine Episode, die an den Propheten Elischa (2 Könige 6,5–7) erinnert, wie Gregor selbst schreibt:

> Ein anderes Mal kam ein einfältiger Gote zu ihm, der Mönch werden wollte. Benedikt, der Mann Gottes, nahm ihn liebevoll auf. Eines Tages ließ er ihm ein Werkzeug geben, das man wegen seiner Form Sichelmesser nennt. Er sollte damit an einer bestimmten Stelle das Dornengestrüpp aushauen, um dort einen Garten anzulegen; die Rodung lag unmittelbar über dem Seeufer. Als der Gote das Dornendickicht mit aller Kraft auszuhauen versuchte, sprang die Klinge vom Stiel und fiel in den See. Dort war aber das Wasser so tief, dass es aussichtslos schien, das Werkzeug herauszuholen. Da die Klinge verloren war, lief der Gote zitternd vor Angst zu dem Mönch Maurus, meldete den Schaden, den er angerichtet hatte, klagte sich an und tat Buße. Der Mönch Maurus jedoch ließ es Benedikt, den Diener Gottes, sofort wissen. Als der Mann Gottes, Benedikt, das hörte, ging er hin, nahm dem Goten den Stiel aus der Hand und hielt ihn in den See. Sogleich kam die Klinge aus der Tiefe empor und fügte sich wieder an den Stiel. Benedikt gab dem Goten das Werkzeug zurück und sagte: »Geh wieder an deine Arbeit und sei nicht traurig!«

Der »Mönch in mir« weckt die Barmherzigkeit in mir. Benedikt wird auf seinem Weg zu einem warmherzigen, umsichtigen Vater, dem es daran gelegen ist, dass die Seinen in Frieden sind und nicht unter Traurigkeit leiden. Es ist das Wunder des Annehmens, das Benedikt hier bewirkt: Er nimmt den Goten und die Situation so an, wie sie sind, ohne zu urteilen, ohne Vorwürfe zu machen, ohne Ratschläge zu geben. Diese Haltung wiederum strahlt auf den Goten aus. Er ist jung, ein Neuling, er kommt aus dem von der Mehrheit der Römer verachteten Volk der feindlichen Einwanderer und Besatzer, er ist ein einfältiger Mann – vielleicht hat er die Rodung etwas zu ungestüm angepackt, um sich zu beweisen, um dazuzugehören, aufgrund fehlender Erfahrung. Aber er geht demütig zu Benedikts Schüler Maurus, rechtfertigt sich nicht und spielt nicht die Opferkarte. Stattdessen hat er Angst, vielleicht vor den Mitbrüdern, die ihn aufgrund seiner Herkunft auslachen oder beschimpfen könnten. Benedikt hingegen nimmt ihn liebevoll auf, traut ihm zu, weiterzumachen, und ermutigt ihn dazu. Mich erinnert die Geschichte an einen Unfall, den ich als 18-Jähriger mit dem Auto meines Vaters auf eisglatter Straße hatte. Gott sei Dank entstand nur Blechschaden. Aber es war das Auto meines Vaters, und ich konnte den Schaden nicht aus eigener Tasche zahlen. Er aber reagierte ganz ruhig und zugewandt, hielt mir keine Moralpredigt (ich litt ja schon genug unter der Situation) und erlaubte mir sofort wieder, mit dem neu hergerichteten Auto zu fahren. Ich werde nie das Zutrauen meines Vaters vergessen, das damit verbunden war.

Zurück zur Geschichte: Die Sichel ist ein Instrument, mit dem man normalerweise trennt und abschlägt. Die Situation ist also ganz dazu angetan, dass hier abgesondert wird: der junge von dem alten Mönch, der Gote vom Römer, der Schuldige vom Unschuldigen. Aber nichts dergleichen geschieht. Statt zu trennen, verbindet Benedikt. Stil und Sichel kommen wieder zusammen, Alt und Jung, Einheimischer und Fremder. Es kommt wieder zusammen, was getrennt war. In einer Zeit, in der Gesellschaften, Gruppen und Familien gespalten sind, ist diese

Kraft, zu verbinden, die Kraft, Brücken zu bauen, eine wichtige Gabe. Sie entspringt dem inneren Mönch.

Befehlskette – Segenskette

KAPITEL 7

Eines Tages weilte der heilige Benedikt in seiner Zelle. Der schon erwähnte junge Placidus aus dem Kloster des heiligen Mannes ging an den See, um Wasser zu holen. Aus Unachtsamkeit ließ er das Gefäß, das er in Händen hielt, ins Wasser fallen und stürzte sogar selbst hinein. Sogleich erfasste ihn eine Woge und riss ihn etwa einen Pfeilschuss weit vom Ufer weg.

Doch der Mann Gottes erkannte das sofort in seiner Zelle und rief Maurus eilends herbei: »Bruder Maurus, lauf schnell! Der Knabe ist beim Wasserholen in den See gefallen, und eine Woge treibt ihn schon weit hinaus!«

Etwas Wunderbares geschah, wie man es seit dem Apostel Petrus (vgl. Matthäus 14,28.29) nicht mehr erlebt hatte. Maurus erbat und empfing den Segen, lief auf Befehl seines Abtes sofort bis zu der Stelle, wo die Woge den Knaben Placidus dahintrieb. Er glaubte auf festem Boden zu gehen und lief doch über das Wasser. Da packte er ihn an den Haaren und lief zurück, so schnell er konnte. Kaum war er am Ufer, kam er zu sich, blickte zurück und erkannte, dass er über das Wasser gelaufen war. Was er niemals für möglich gehalten hätte, war zu seiner Verwunderung und Bestürzung geschehen.

Er kam zum Abt zurück und erzählte, was sich ereignet hatte. Der heilige Mann Benedikt aber schrieb das nicht seinem eigenen Verdienst zu, sondern dem Gehorsam des anderen. Maurus jedoch behauptete, es sei nur auf Befehl Benedikts geschehen; er sei sich dabei keiner eigenen Kraft bewusst gewesen und habe unbewusst gehandelt. Diesen freundschaftlichen Wettstreit beider in der Demut entschied der gerettete Knabe. Er sagte: »Als ich aus dem Wasser gezogen wurde, sah ich über meinem Kopf den Umhang des Abtes, und für mich war er es, der mich aus dem Wasser zog.«

Gregor schließt an die Geschichte mit der Sichel eine ganz ähnliche an. Wieder geht die Bedrohung vom Wasser aus, diesmal aber fällt der junge Mönch gänzlich hinein. Das Wunder, das Benedikt wirkt, ist explizit an den Gang des Petrus auf dem Wasser angelehnt (vgl. Matthäus 14,22–33). Wie Petrus folgt auch Maurus voll Vertrauen dem Auftrag des Meisters und geht ohne Schwierigkeiten auf dem wenig tragfähigen Element.

Interessant ist, wie das Wunder eigentlich zustande kommt: Benedikt gibt einen Befehl. Die Motivation für diesen Befehl ist, ein Leben zu retten. Der Schüler Maurus gehorcht sofort und führt ihn aus – die Aktion endet glücklich. Benedikt ist so demütig, dass er sich nicht als Urheber des Wunders sieht. Auch Maurus ist demütig und schreibt das Wunder nicht sich selbst zu. Es geschieht, was Benedikt später in seiner Regel schreibt: »Die Brüder sollen sich in gegenseitiger Achtung übertreffen« (RB 72,3). Ein kleiner brüderlicher Wettstreit: Wer hat das Wunder bewirkt – Maurus? Benedikt? Plazidus? Schließlich entscheidet als »Schiedsrichter« der kleine Plazidus, der am meisten von dem Wunder profitiert hat: Er hatte den Schatten Benedikts über dem Wasser gesehen.

In der *Vita* ist es immer ein Zeichen des göttlichen Eingreifens, wenn eine Heilung oder die Lösung eines Problems unmittelbar, unverzüglich und schnell geschieht. Das ist auch hier der Fall. Das Zusammenwirken von Benedikt und Maurus ist geradezu nahtlos: Der eine ruft, der andere folgt. Das ist exakt, wie Benedikt sich Gehorsam vorstellt, nämlich »wie gleichzeitig«: »Mit einer Raschheit, die der Gottesfurcht eigen ist, wird dann beides miteinander verwirklicht, wie in einem Augenblick: der erwähnte Befehl des Meisters und die eilig vollbrachte Tat des Jüngers«, schreibt Benedikt später in seiner Regel (RB 5,9). Warum ist die Gleichzeitigkeit von Anweisung und Gehorsam so wichtig? Weil in Benedikts Auffassung der Auftrag direkt von Gott kommt. Daher schreibt sich Benedikt das Wunder auch nicht selbst zu. Gott ist der Anfang der »Befehlskette«. Es ist Gott, der durch die Menschen handelt, wenn sie auf ihn hören.

Der Begriff »Gehorsam« kommt in unserem Sprachgebrauch außer bei Polizei und Militär kaum mehr vor. Was wir freilich kennen, ist Loyalität, zum Beispiel zu unserem Arbeitgeber. Für die Mönche aber stellt der Gehorsam ein Gelübde dar. Benedikt widmet ihm ein eigenes Kapitel in seiner Regel. Grund des Gehorsams ist das Hören auf Gott. Und dieses Hören geschieht auch, indem Menschen aufeinander hören: die Mönche auf ihren Abt, aber die Mönche auch auf- und untereinander (siehe RB 71). Als biblisches Vorbild könnte man die Verklärung Christi auf dem Tabor nehmen. Auch da gibt es eine solche Kette: Auf dem Berg sind zusammen mit Jesus die Apostel Petrus, Jakobus und Johannes. Eine Stimme vom Himmel ruft – das ist die Stimme des Vaters –: »Dies ist mein geliebter Sohn, auf ihn sollt ihr hören« (Matthäus 17,5). Hier beginnt die Kette also beim Vater. Er will, dass wir auf den Sohn hören. So setzt sich die Kette fort, in der Benediktsvita bis hin zum jungen Plazidus. Als Maurus den Befehl von Benedikt empfängt, bittet er um den Segen und empfängt ihn. Es geht hier darum, etwas Gutes zu tun, etwas Gutes weiterzugeben, zum Heil der Menschen zusammenzuarbeiten, zusammenzuwirken. Es war ein Segen für Plazidus, dass Maurus sofort gehorcht hat. Es war ein Segen, dass Benedikt auf sein Inneres, auf die Stimme Gottes in ihm gehört hat, der ihn dazu veranlasste, Maurus loszuschicken.

In der Menschheitsgeschichte ist der Gehorsam oft missbraucht worden. Und wenn wir in unserem eigenen Leben schon einmal die Erfahrung gemacht haben, dass unsere Loyalität ausgenutzt oder ein Befehl selbstsüchtig und ungerecht erteilt wurde, fällt es natürlich schwer, dieser Dynamik zu trauen. Und doch kann es sehr beglückend sein, in so einer Kette zu stehen. Sie hat ein größeres Ziel außerhalb unserer selbst im Auge. Sie nimmt einem dabei das Selbstdenken und Selbstentscheiden nicht ab, im Gegenteil. Der geistliche Gehorsam ist kein Kadavergehorsam. Er basiert auf dem Vertrauen in Gott und dem Vertrauen in Gottes Gegenwart in mir selbst und in meinen Brüdern und Schwestern. Wenn dieses Vertrauen verletzt wird, zum Beispiel von einem Vorgesetzten, dann geht eine große Kraft christlichen Zusammenwirkens verloren. Das Vorbild für den Gehorsam bleibt dabei Jesus selbst, der - obwohl er Gott war - ebenso gehorcht hat: »Er erniedrigte sich und war gehorsam bis zum Tod, bis zum Tod am Kreuz« (Philipper 2,8). Diesen Gehorsam hat er gelebt, selbst als es sehr eng für ihn wurde: »Vater, wenn du willst, nimm diesen Kelch von mir! Aber nicht mein, sondern dein Wille soll geschehen« (Lukas 22,42).

Mit dieser Geschichte wird der »Mönch in mir« eingeladen, auf das Innere, auf Gottes Stimme zu hören - und nach ihr zu handeln. Sie eröffnet gleichzeitig eine wichtige zweite Dimension: die der Gemeinschaft. Der Mönch ist nicht um seiner selbst Willen Mönch. Wenn er daran glaubt, dass Gott nahe bei ihm, ja sogar in ihm ist, wenn er nur »bei sich« ist, dann muss er dasselbe auch von seinen Mitmenschen annehmen. Was bedeutet es also, wenn auch sie die Stimme Gottes vernehmen? Dann wird das Zusammenleben interessant. Wenn eine Gruppe von Menschen, jeder Einzelne, versucht wirklich auf die Stimme Gottes zu hören und dies nicht nur vorgibt, dann kann eine Dynamik entstehen, die viel Heil und Gutes hervorbringt. Das ist die Idee hinter einer Klostergemeinschaft. Und das ist letztlich auch die Idee, auf der die Kirche fußt: Alle sind getauft und so Söhne und Töchter Gottes. Aufeinander zu hören und sich vom Gehörten in Bewegung setzen zu lassen, würde eine ganz neue Dynamik hervorbringen. Dass das oft nicht funktioniert, zeigt der Realist Gregor in der nächsten Episode.

Kämpfe, die man nicht gewinnen kann

KAPITEL 8

In jener Gegend hatte sich bereits weit und breit die Liebe zu unserem Herrn und Gott Jesus Christus entzündet. Viele verließen das Treiben der Welt und beugten sich unter das sanfte Joch des Erlösers. Die Schlechten aber beneiden immer die anderen um die Frucht der Tugend, um die sie sich selbst nicht mühen.

So verhielt es sich auch mit Florentius, dem Priester einer benachbarten Kirche, dem Großvater unseres Subdiakons Florentius. Von der Bosheit des Alten Feindes angestachelt, war er eifersüchtig auf das Wirken des heiligen Mannes. Er fing an, dessen Mönchsleben zu verleumden und, wenn er eben konnte, jeden von einem Besuch bei ihm abzuhalten. Florentius musste schließlich einsehen, dass er dem Ansehen Benedikts nicht entgegenwirken konnte. Der gute Ruf von dessen Mönchsleben verbreitete sich immer mehr, und unablässig fühlten sich viele durch die Kunde über ihn zu einer besseren Lebensgestaltung gerufen. Florentius aber verzehrte sich mehr und mehr in der Flamme des Neides und wurde immer boshafter; denn das Lob für die Lebensweise Benedikts hätte er gern selbst eingeheimst, aber ein lobenswertes Leben führen wollte er nicht.

Blind vor finsterem Neid ging er so weit, dem Diener des allmächtigen Gottes vergiftetes Brot zu senden, als wäre es gesegnetes Brot. Mit einem Dankgebet nahm es der Mann Gottes an, doch blieb ihm nicht verborgen, welches Unheil sich darin verbarg. Zur Stunde der Mahlzeit flog immer ein Rabe aus dem nahen Wald herbei und erhielt Brot aus der Hand Benedikts. Der Rabe kam nun wie üblich; der Mann Gottes warf ihm das Brot vor, das der Priester ihm geschickt hatte, und trug ihm auf: »Im Namen unseres Herrn Jesus Christus: Nimm dieses Brot und wirf es an einer Stelle weg, wo es kein Mensch findet!« Da sperrte der Rabe seinen Schnabel auf, spreizte seine Flügel und hüpfte krächzend um das Brot herum, als müsste er deutlich machen, dass er zwar gehorchen wolle, den Befehl aber nicht ausführen könne. Wieder und wieder befahl ihm der Mann Gottes: »Heb es auf, heb es ruhig auf und wirf es dort weg, wo niemand es finden kann!« Nach langem Zögern fasste es der Rabe endlich mit dem Schnabel, hob es auf und flog davon. Drei Stunden später kam er ohne das Brot zurück und erhielt nun wie gewohnt aus der Hand des Mannes Gottes sein Futter.

Der ehrwürdige Vater sah, dass ihm der Priester nach dem Leben trachtete, und er litt mehr um ihn als um sich. Da Florentius den Leib des Meisters nicht töten konnte, setzte er alles daran, die Seelen der Jünger zu verderben. So schickte er in den Garten des Klosters sieben nackte Mädchen. Sie sollten sich an den Händen halten und längere Zeit vor den Augen der Brüder tanzen, um deren Herzen zur Wollust zu entfachen. Das sah der heilige Mann von seiner Zelle aus, und er fürchtete sehr, die noch ungefestigten Jünger könnten zu Fall kommen. Er erkannte, dass der Priester eigentlich nur ihm nachstellte. Da überließ er dem Neid das Feld. Er ordnete alles in den Klöstern, die er gegründet hatte, setzte Obere ein und wies ihnen Brüder zu. Nur wenige Mönche nahm er mit und zog an einen anderen Ort.

Kaum war der Mann Gottes in Demut vor dem Hass des anderen gewichen, da schlug diesen der allmächtige Gott furchtbar. Der Priester stand auf seinem Balkon, sah, wie Benedikt fortzog, und triumphierte vor Freude. Da stürzte der Balkon ein, auf dem er stand, erschlug ihn und vernichtete so den Feind Benedikts; das ganze Haus blieb sonst unbeschädigt stehen. Der heilige Vater Benedikt war noch nicht ganz zehn Meilen entfernt; da wollte Maurus, der Jünger des Mannes Gottes, ihm dies sofort mitteilen: »Komm zurück! Der Priester, der dir nachgestellt hat, ist vernichtet.« Als der Mann Gottes Benedikt das hörte, begann er bitter zu klagen, weil sein Feind umgekommen war, aber auch, weil der Jünger über den Tod des Feindes jubelte. Deshalb legte er dem Jünger eine Buße auf; denn er hatte es gewagt, als er die Nachricht überbrachte, sich über den Untergang des Feindes zu freuen.

Wieder einmal muss Benedikt loslassen. Diesmal verlässt er sein geliebtes Subiaco. Der Heilige vermochte nicht alles. Er konnte anscheinend den Dämon des Neides aus dem Priester nicht austreiben. So wie schon in Vicovaro scheiterte der Mönchsvater, nun aber nicht im Geringsten aus eigener Schuld.

Der Neid ist eine Flamme, die zerstört. Wenn ich neidisch auf jemanden schaue, wird mir innerlich heiß. Der Neid verdunkelt den Blick und macht schließlich blind. Der Priester sah nicht all das Gute, das Benedikt wirkte, sondern nur, dass er selbst dazu nicht in der Lage war. Unter Klerikern und professionellen Religionsleuten ist das wohl bekannt; die Tradition nennt es die *invidia clericalis*. Es ist ein typisches Laster von Klerikern, speziell auch von Weltpriestern gegenüber den eher charismatischen Mönchen, wie Michaela Puzicha schreibt (S. 196). Man schaut peinlich genau: Zu wem kommen mehr Menschen zur geistlichen Begleitung? Wer hat mehr Follower? Da es in der Seelsorge immer um Beziehung geht, entsteht daraus ein Wettbewerb der Beziehungen. Und so vergiftet der Neid die Beziehungen durch Manipulation oder schlechtes Reden über den anderen. Der Priester geht so weit, dass er Benedikt vergiften will. Dass das, was gewöhnlich als Segensbrot überbracht wird, hier zum Brot des Todes werden soll, ist besonders perfide. Benedikt - bei sich wohnend - bemerkt den Angriff und reagiert ruhig. Nicht so sein Rabe. Wir sehen Benedikt hier wieder im Einklang mit der Natur. Er spricht mit seinem Raben, der zunächst den Befehl nicht ausführen will. Biblisches Vorbild ist hier der Prophet Elija (vgl. 1 Könige 17,6).

Als die direkte Aggression nicht fruchtet, setzt Florentius seine Attacken mit passiver Aggression fort - auch ein beliebtes Mittel unter Klerikern, aber sicher nicht nur dort. Weil Benedikt unangreifbar zu sein scheint, greift er seine Jünger an. Die sind verwundbarer. Benedikt lässt diesen Umweg nicht zu. Er weiß, dass es um ihn geht, und will seine jungen Mönche nicht gefährden. Er weicht, lässt nicht zu, dass sie für ihn »geopfert« werden. Lieber nimmt er sich selbst zurück und geht. Er ordnet alles. Das Haus ist ohnehin gut bestellt, und so kann er weiterziehen. Obwohl ihm die Stabilität so viel bedeutet, ist er nicht in ideologischer Weise fixiert darauf. Das physische und spirituelle Leben seiner Mitmönche hat für ihn größere Bedeutung. Und er hat mehr Mitleid mit dem Priester als mit sich selbst. Damit zeigt er im biblischen Sinn Feindesliebe: »Liebt eure Feinde; tut denen

Gutes, die euch hassen! Segnet die, die euch verfluchen; betet für die, die euch beschimpfen!« (Lukas 6,27-28). »Leistet dem, der euch Böses tut, keinen Widerstand« (Matthäus 5,39). Benedikt braucht den Erfolg nicht; er ist so losgelöst davon, dass er schließlich sogar über den Tod des Florentius weinen kann.

Benedikt überlässt also dem Feind das Feld. Manchmal kann man nicht gewinnen, selbst wenn es in dem Kampf um eine gute Sache geht. Der Schaden, der beim Weiterkämpfen entstünde, wäre zu hoch, besonders wenn es nicht nur um dingliche »Kollateralschäden«, sondern um Menschen geht. Jesus selbst rät, dass wir uns nicht blind verkämpfen sollen (vgl. Lukas 14,31). Am Ende stürzt der Priester - bildlich passend - vom Balkon seines Hauses. Sein Überlegenheitsgefühl und sein Hochmut werden entlarvt; sein Neid hat sich als zerstörerisch erwiesen, vor allem für ihn selbst. Die Schadenfreude des Maurus hingegen zeigt, dass auch der junge Mönch noch nicht so gefestigt und reif war wie sein Meister Benedikt.

Neues werden lassen

KAPITEL 8-10

Der heilige Mann zog fort. Der Ort änderte sich, nicht aber der Feind. Denn von jetzt an hatte er umso härtere Kämpfe zu bestehen, je mehr er einsah, dass der Meister der Bosheit offen gegen ihn kämpfte. Ein befestigter Ort mit Namen Casinum liegt am Abhang eines hohen Berges. Dieser Ort schmiegt sich in eine weite Mulde des Berges, der sich über drei Meilen zur vollen Höhe erhebt. Mit seinem Gipfel ragt er gleichsam in den Himmel. Dort stand ein uraltes Heiligtum, wo nach dem Brauch der heidnischen Vorfahren die einfältige Landbevölkerung den Gott Apollo verehrte. Ringsum waren heilige Haine gewachsen, die dem Dämonenkult dienten. Hier plagten sich noch damals viele uneinsichtige Ungläubige mit ihren Götzenopfern ab.

An diesen Ort kam nun der Mann Gottes. Er zerbrach das Götterbild, stürzte den Altar um und holzte die heiligen Haine ab. Im Tempel des

Apollo errichtete er ein Oratorium zu Ehren des heiligen Martin, und an der Stelle des Apolloaltares erbaute er ein Oratorium zu Ehren des heiligen Johannes. Den Leuten, die ringsum wohnten, verkündete er beharrlich die Frohe Botschaft und rief sie so zum Glauben.

Dies aber konnte der Alte Feind nicht stillschweigend ertragen. Nicht im Verborgenen, nicht im Traum, sondern deutlich sichtbar trat er dem Vater unter die Augen. Mit fürchterlichem Geschrei klagte er, ihm werde ständig Gewalt angetan. Sogar die Brüder hörten sein Schreien, wenn sie auch die Erscheinung nicht wahrnehmen konnten. Wie der ehrwürdige Vater seinen Jüngern erzählte, habe sich der Alte Feind abscheulich und feurig vor seinem leiblichen Auge gezeigt, und er schien mit Flammen aus Mund und Augen gegen ihn zu wüten. Was der Alte Feind sagte, konnten alle hören. Zuerst nämlich rief er ihn beim Namen. Als der Mann Gottes nicht antwortete, stieß er sofort Beschimpfungen aus. Als er ihn anherrschte: »Benedictus, Benedictus – Gesegneter!« und sah, dass dieser ihm überhaupt keine Antwort gab, schrie er weiter: »Maledictus, nicht Benedictus – Verfluchter, nicht Gesegneter! Was willst du von mir? Warum verfolgst du mich?«

Jetzt aber kommen wir zu den nächsten Angriffen des Alten Feindes gegen den Diener Gottes. Er wollte Benedikt angreifen, doch ungewollt bot er ihm Gelegenheit zum Sieg. Als die Brüder eines Tages dabei waren, die Wohnräume des Klosters zu bauen, lag in der Mitte ein Stein. Den wollten sie in das Mauerwerk einfügen. Zwei oder drei konnten ihn nicht bewegen, und auch als viele anfassten, blieb er so unbeweglich liegen, als wäre er im Erdboden verwurzelt. Da wurde ganz klar, dass der Alte Feind selbst sich auf ihn gesetzt hatte; konnten ihn doch die Hände so vieler Männer nicht von der Stelle bewegen. In dieser Schwierigkeit schickten sie zum Mann Gottes, er möge kommen und durch sein Gebet den Feind vertreiben, damit sie den Stein emporheben könnten. Benedikt kam sofort, betete und gab den Segen. Da ließ sich der Stein so schnell heben, als wäre er zuvor nicht so schwer gewesen.

Mit diesem Kapitel habe ich mich einigermaßen schwergetan. Wird hier nicht ein Narrativ bedient, bei dem die Überlegenheit einer Religion gegenüber einer anderen gerechtfertigt werden soll – und dann noch unter Zuhilfenahme von Gewalt? Wie passt das Verhalten Benedikts zu dem, was wir bisher von ihm gesehen haben: einen Mensch mit kluger und sanfter Unterscheidungsgabe und Barmherzigkeit? Eine vollkommene Lösung für diese Fragen gibt es vielleicht nicht, einige Annäherungen aber können helfen. Zum einen frage ich mich, wie Benedikt all das tun konnte, ohne auf Widerstand zu stoßen, denn die Einheimischen waren mit ihrem Kult vertraut und in ihm verwurzelt. Warum wird hier von keinem Widerstand berichtet? Zum anderen erinnert mich die Heftigkeit, mit der Benedikt auftritt, an die Jesu, als er im Tempel die Tische der Händler umstieß. Dort ist es nicht blinde Wut, die ihn antreibt, sondern ein »heiliger Zorn«. Ich halte es nicht für ausgeschlossen - wenngleich man es nicht als ein Vorbild für jeden und jede hinstellen dürfte -, dass auch uns einmal ein heiliger Zorn packt; einer, der letztlich nicht zerstören, sondern aufbauen will. Einer, der sieht, wie etwas einer viel besseren und heilsameren Sache fundamental im Weg steht. Etwas Weiteres fällt auf: Benedikt geht bewusst an den Ort, an dem schon religiöse Verehrung Brauch war. Er knüpft also durchaus an Bestehendes an. Und er zerstört nicht den Tempel, sondern widmet ihn um. Was er zerstört, ist nur das Bild, das die Menschen sich von Gott gemacht haben. Damit tut er etwas, was für jeden Menschen und sicher auch für jeden Christen eine wichtige Aufgabe ist und bleibt: sich immer wieder von den eigenen Bildern von Gott zu lösen, weil Gott größer und unerreichbarer ist, als wir denken. Auch in der Pastoral darf man einem Menschen helfen, zuweilen durchaus mit einer provokativen Intervention, ein Bild von Gott fahren zu lassen, das ihm nicht mehr nützt, sondern ihm im Gegenteil eher schadet.

Benedikt tötet hier keine Menschen, er zerstört kein Leben, sondern nur das Bild, man könnte auch sagen, die Idee, die Ideologie, die sich Menschen gemacht haben. Es sind Bilder, die sich als unnütz erweisen; sie haben keine Entsprechung in der Realität: »Sie sind nur Silber und Gold, Machwerk von Menschenhand. Sie haben einen Mund und reden nicht, sie haben Augen und sehen nicht, sie haben

Ohren und hören nicht, sie haben eine Nase und riechen nicht; ihre Hände, sie greifen nicht« (Psalm 115,4–7). Sie sind nicht nur unnütz, sondern auch belastend. Der Effekt für die Menschen in dieser Episode ist, dass sie sich »weniger abmühen« müssen. Das Einschreiten Benedikts scheint den Menschen im Endeffekt wirklich geholfen zu haben. Das könnte auch erklären, warum sie keinen Widerstand geleistet haben.

Das Kapitel hilft grundsätzlich zu reflektieren, was es zu einem wichtigen Neuanfang braucht. Bei jeder Veränderung bewegt man sich zwischen zwei Polen, zwei grundsätzlichen Fragen: Was muss ich im Sinne von »abschneiden« komplett hinter mir lassen und was kann ich übernehmen, überformen, integrieren? Benedikt scheint beides anzuwenden. Das Zerbrechen des Götterbildes und das Abholzen des Haines machen den Bruch deutlich.

Grundsätzlich ist es wahrscheinlich naiv anzunehmen, dass man ganz ohne einen Bruch auskommt, wenn man eine grundlegende Erneuerung welches Typs auch immer vornehmen will. Der sanftere Weg der Integration ist sicherlich zu bevorzugen, aber vielleicht nicht immer wirklich sinnvoll. Dass es allerdings mit einem reinen »Umetikettieren« längst nicht getan ist, beweist die Bemerkung, dass Benedikt »beharrlich« das Evangelium verkündet und die Menschen zum neuen Glauben ruft. Denn natürlich ist es ebenso naiv zu glauben, mit einer Gebärde der Stärke allein könne man eine nachhaltig neue Situation schaffen. Das Element der Integration kommt in der Geschichte dann zum Tragen, als es Benedikt gelingt, den Stein, der vom »Alten Feind« besetzt war, in den Klosterbau einzupassen. Das Götterbild lässt sich schnell zerbrechen, der Stein für den Neuaufbau aber lässt sich zunächst überhaupt nicht bewegen. Jeder Neuanfang ist ein Prozess, der die Zuwendung hin zu den Elementen einschließt, die sich der Veränderung widersetzen. Manches und mancher lässt sich einfach nicht zum Neuen bewegen. Der Konflikt wird härter. Gregor beschreibt, wie der »Alte Feind« nun direkt und ganz persönlich Benedikt angreift. Das Neue, das Benedikt einführt, ist so fundamental, dass es eine entsprechend heftige Reaktion hervorruft.

Diesmal löst Benedikt die Situation nicht mit brachialer Gewalt, sondern mit Gebet und Segen. Das wirkt auf den ersten Blick wie eine »schwache« Maßnahme, die aber im Endeffekt wirksamer ist. Mit dem Gebet und dem Segen lässt er los, was er selbst »machen« kann, und übergibt das Handeln an Gott. Dieser soll seine Sache durchsetzen. Der Kampf zwischen Gut und Böse wird gleichsam auf einer höheren Ebene entschieden. Gerade gegenüber dem ärgsten Feind lädt die christliche Botschaft zum Segnen ein, wie schon die vorige Geschichte gezeigt hat. Während der »Alte Feind« Benedikt verflucht, wählt dieser die stärkere »Waffe« des Segens – und gewinnt. Er bleibt damit seiner Berufung und seinem Namen treu, der ja »Gesegneter« (Benedictus) bedeutet.

Die Erneuerung, die Benedikt im Sinn hat, ist nicht (allein) von Menschen machbar. Benedikt nimmt sich als Person zurück. Denn es geht hier nicht um die Ablösung eines handgemachten Gottes durch den nächsten, die Transformation von einer unwirksamen Religion in die andere. Was Benedikt bringt, ist wirklich neu. Wir können uns das zum Vorbild nehmen, wenn wir in Organisationen, in der Gesellschaft, in der Kirche Veränderungen wollen, die die Überzeugungen, den Glauben, die Lebensweisen und die kulturellen Prägungen anderer Menschen betreffen (die ja auch Kinder Gottes sind – mit welchem Recht wollen wir sie verändern?): Überlasse ich das Regime in der Veränderung wirklich Gott oder drücke ich nur mein eigenes Projekt durch? Geht es mir wirklich um den anderen, um Gott oder doch eher um mich? Vertraue ich auf meine eigene Kraft oder auf Gott? Ist das Neue wirklich ein Segen für die Menschen oder ein Fluch?

In seiner Regel beschreibt der heilige Benedikt später diese spannungsreiche »Unterscheidung der Geister«. Im Kapitel über die Einsetzung des Abtes zitiert er Matthäus: »Deswegen gleicht jeder Schriftgelehrte, der ein Jünger des Himmelreichs geworden ist, einem

Hausherrn, der aus seinem Schatz Neues und Altes hervorholt« (Matthäus 13,52). Altes und Neues werden aneinander neu.

Gelassen eine eingebildete Bedrohung entlarven

KAPITEL 10

> Da beschlossen die Brüder in Gegenwart des Mannes Gottes, an dieser Stelle die Erde aufzugraben. Als sie tiefer gruben, fanden sie dort ein bronzenes Götterbild. Sie brachten es zunächst einmal in die Küche. Da schien plötzlich Feuer auszubrechen, und in den Augen aller Mönche sah es so aus, als ob das ganze Küchengebäude in Flammen aufginge. Sie schütteten Wasser hin und machten dabei großen Lärm, weil sie meinten, ein Feuer löschen zu müssen. Von dem Tumult beunruhigt, kam der Mann Gottes herbei. Er erkannte, dass es das Feuer nur in den Augen der Brüder gab; denn er selbst sah es nicht.
>
> Da neigte er sofort sein Haupt zum Gebet und rief die Brüder, die er von einem vorgegaukelten Feuer betrogen fand, zu dem zurück, was wirklich zu sehen war. Sie erkannten, dass das Küchengebäude unbeschädigt dastand, und sahen die Flammen nicht mehr, die der Alte Feind vorgetäuscht hatte.

Benedikt ist beunruhigt, als er wahrnimmt, dass seine Brüder außer sich sind. Der Mönch ist nicht unberührbar, er ist betroffen von dem, was um ihn herum passiert und lässt sich bewegen von dem, was seinen Brüdern geschieht. Dann aber tritt er einen Schritt zurück. Er neigt sein Haupt, um zu beten. Und er hilft den Mönchen, die Wirklichkeit wahrzunehmen, wie sie ist.

Gerade im Leben einer Gemeinschaft kann man zuweilen erleben, dass Dinge plötzlich zur Hauptsache werden, die eigentlich nicht wirklich wichtig sind. Es entsteht ein lautes Getöse um ein Problem, das entweder klein oder gar keines oder zumindest leicht lösbar ist. Das »Geschrei« darum spielt sich in der Küche ab, das heißt, an einem zentralen Ort der Gemeinschaft. So sind alle damit beschäftigt und darum besorgt. Das Thema »besetzt« alle. Michaela Puzicha spricht hier von einer »kollektiven Hysterie« (S. 224). Heute können die sozialen oder selbst die etablierten Medien Verstärker eines solchen »Geschreis« sein, da sie zu einem gewissen Grad von der Aufregung leben. Ein Thema wird hochgejazzt – um dann wenige Tage später wieder komplett in der Versenkung zu verschwinden.

Die Mönche versuchen, das Feuer, das es gar nicht gibt, mit Wasser zu löschen. Daraus folgt vielleicht auch noch ein Wasserschaden, der gar nicht nötig gewesen wäre. Denn das Feuer existiert nur in ihren Augen. Es ist reine Projektion, einzig und allein *ihr* Problem und kein objektives. Durch die Aufregung und das Handeln als Resultat der Aufregung wird allerdings diese Subjektivität schnell zu einer objektiven Realität. Die Panik, die um das Problem herum losbricht, kann fatalerweise wirklich zum Problem werden. Wenn die Menschen anfangen, nicht mehr rational, sondern übermäßig emotional zu reagieren, wird eben das zum Problem.

Was hier hilft, ist der nüchterne Blick (vgl. Wilde, Nüchternheit). Was hier hilft, ist das Losgelöstsein Benedikts, sein Mönchsblick. Was steckt wirklich hinter dem angeblichen Brand? Was finden wir dort, wenn wir der Sache auf den Grund gehen? Solange ich an der Oberfläche bleibe, trage ich nur zur »Erhitzung« der Diskussion bei.

Die Reaktion Benedikts ist entscheidend: Er schreit nicht herum, er macht den Brüdern keine Vorwürfe (»Warum habt ihr das Götzenbild in die Küche gebracht?«), er hilft nicht beim Löschen, er gibt keine praktischen Anweisungen, mahnt nicht zur Ruhe. Stattdessen bietet er seine klare Sicht auf die Realität an. Die Lösung besteht darin, die Brüder selbst klarer sehen zu lassen. Das Problem liegt in *ihrem* Sehen, in *ihren* Augen. Sie sollen stattdessen lernen, besser zu sehen und die Projektion zurückzunehmen: »Er rief die Brüder zu dem zurück, was wirklich zu sehen war.« Und tatsächlich: Sie erkannten.

In der Mönchstradition ist das Vorgaukeln falscher Tatsachen, das Geblendetsein ein häufig wiederkehrendes Motiv. Meist ist das ein Werk des Teufels, der uns die Dinge gern falsch vor Augen stellt und uns täuscht. Erst wenn er vom Menschen abgelassen hat, weicht die Täuschung und man sieht, wie die Lage wirklich ist. Dazu braucht es manchmal Hilfe von außen. Wer den »Mönch in sich« entdeckt hat, wer in der Lage ist, sich zurückzuziehen und von einer anderen Warte aus zu schauen, kann dabei helfen.

Dieser Mönchsblick ist besonders gut und hilfreich für alle, die in Leitungspositionen stehen, und natürlich auch für Eltern. Wenn mir ein Problem zu Ohren kommt, ist es wichtig, nicht unbedingt gleich als Verstärker zu wirken und das zu tun, was die Menschen, die uns anvertraut sind, fordern (»hilf uns, das Feuer zu löschen!«). Durch das »Aufspringen« auf die Emotionen, die im Raum sind, oder durch die sofortige Teilnahme am Aktivismus der Beteiligten helfe ich unter Umständen nicht, sondern verschlimmere die negative Dynamik. Ich habe hingegen schon oft erlebt, wie sich mit dem bloßen Zuhören die Wogen glätten konnten. Indem man aus einer Haltung der Distanz zum Geschehen heraus zuhört, gibt man denen, die einem anvertraut sind, die Möglichkeit, ihre Wahrnehmung zu verändern und die Lage schließlich angemessener zu beurteilen.

Der geschützte Raum

KAPITEL 11

Ein anderes Mal arbeiteten die Brüder an einer Mauer, die etwas erhöht werden musste. Der Mann Gottes hatte sich in seine Zelle zurückgezogen und war ins Gebet vertieft. Da erschien ihm der Alte Feind und sagte mit höhnischen Worten, er gehe jetzt zu den Brüdern, die draußen an der Arbeit seien. Sofort ließ der Mann Gottes ihnen durch einen Boten ausrichten: »Gebt acht, Brüder! Noch in dieser Stunde kommt zu euch der böse Geist.« Kaum hatte der Bote ausgesprochen, da warf der böse Geist die Mauer um, an der sie gerade arbeiteten; die Trümmer erdrückten einen jungen Mönch, den Sohn eines Hofbeamten. Alle waren traurig und sehr erschüttert, nicht wegen der eingestürzten Mauer, sondern weil ihr Bruder verunglückt war. Voll Schmerz berichteten sie es gleich dem heiligen Abt Benedikt.

Da ließ er den Schwerverletzten zu sich bringen. Sie konnten ihn nur in einem Umhang tragen, denn die herabstürzenden Mauersteine hatten ihm nicht nur Arme und Beine, sondern auch die Knochen zerschmettert. Der Mann Gottes ließ ihn sofort in seiner eigenen Zelle auf das Psiathion, die Binsenmatte, legen, auf der er immer betete, schickte die Brüder hinaus, schloss die Zelle und betete inständiger als sonst. Da geschah das Wunder: Noch in derselben Stunde schickte Benedikt ihn unversehrt und gesund wie vorher an seine Arbeit zurück.

So konnte der junge Mönch, durch dessen Tod der Alte Feind Benedikt hatte verhöhnen wollen, mit den Brüdern die Mauer fertigbauen. In dieser Zeit entfaltete sich bei dem Mann Gottes auch die Geistesgabe der Prophetie; er sagte Zukünftiges voraus und teilte den Anwesenden mit, was in der Ferne geschah.

Benedikt brauchte den Schutz der Höhle, damit sich seine Berufung unbeschadet entwickeln konnte. So wie ein Embryo im Schutz des Mutterschoßes aufwächst und Kinder noch den Schutz ihrer Eltern oder guter Institutionen brauchen, so braucht auch unser geistliches Leben einen gewissen Schutzraum, wenn es sich entwickeln soll. Daher wollen die Mönche von Montecassino die Mauer um ihr Kloster etwas höher ziehen - *etwas* höher, denn den absoluten Schutz gibt es nicht. Doch manchmal in unserem Leben ist es notwendig, uns »ein wenig« mehr zurückzuziehen, vielleicht vom Lärm, vielleicht von der Arbeit, vielleicht von bestimmten Menschen. Damit der »Mönch in mir« leben kann, muss ich zuweilen die Mauer um mich herum etwas höher ziehen, sodass ich in Frieden leben kann.

Während die Mönche draußen am Arbeiten sind, ist Benedikt drinnen beim Beten. Er ist in seiner Zelle, einem ebenso geschützten Raum. Aber dieser ist durchlässig, denn wie sonst könnte er bemerken, dass seine Mönche draußen ein Problem haben? Wenn ich die manchmal notwendige Mauer baue, dann nicht, um mich total zu isolieren oder abzuschotten, sondern um besser bei mir selbst sein zu können, um bei mir wohnen zu können. Von dort aus bin ich eher in der Lage, Kontakt mit den anderen aufzunehmen. Die Klausur eines Klosters hat nie den Sinn, sich von der Welt abzuschotten - das kann man auch nicht, weil man selbst Teil der Welt ist und die Welt immer in die Klausur »mitnimmt« -, sondern einen Abstand zu schaffen, der eine größere Nähe und Empathie mit der Welt ermöglicht. Eine, die von Gottes Gegenwart durchdrungen ist.

Dann passiert das Unglück: Ein junger Mönch wird von herabfallenden Steinen zermalmt. Die Mönche trauern um ihn, nicht um die defekte Mauer. Wir sehen, dass sie die richtigen Prioritäten setzen. Warum trifft es gerade einen jungen Mönch? Dazu noch einen von edler Abstammung? Vielleicht war er noch unerfahren. Man kann in der Geschichte aber auch den Hinweis sehen, dass es unsere Naivität ist, die bedroht ist von herabstürzenden Brocken. Religiosität und geistliches Leben haben immer mit einer gewissen Naivität zu tun. Wenn wir mit Gott verbunden sind, dann mit unserem tiefsten Ursprung. Und dort, an unserem Ursprung, sind wir jung. Jesus erinnert daran: »Wenn ihr nicht umkehrt und werdet wie die Kinder, werdet ihr nicht in das Himmelreich hineinkommen« (Matthäus 18,3). Wenn wir den geschützten Raum suchen, dann um wieder in diese Unmittelbarkeit zurückzukehren. Die herabfallenden Brocken könnten ein Bild sein für unsere Enttäuschungen, für Wunden, für unseren Zynismus oder auch für unsere Rationalität. Bei aller Gabe zur Reflektion bleibt beim Glauben ein Vertrauen, dass dem eines Kindes gleicht. Dieses Kind ist »edler Abstammung«. Und es ist zuweilen in Gefahr - der »Alte Feind« hat es im Visier.

Obwohl Benedikt gewarnt war, kommt er ein bisschen zu spät. Der Teufel ist wirklich am Zug. Benedikt jedoch lässt den Jungen in seine Zelle tragen, also in den geschützten Raum. Er bedeutet den anderen, ihn auf seine Gebetsmatte zu legen - noch ein Symbol für den abgegrenzten Raum. Das Abgegrenzte nennt man in der Religionsgeschichte das Heilige, das *Sakrale*. Es ist das, was von der Welt, dem *profanum*, abgesetzt ist. Benedikt stellt die nötige »Klausur« wieder her. Er fordert alle Brüder auf, seine Zelle zu verlassen. Selbst diese sind hier zu viel - eine weitere Abgrenzung. Dann lässt er zudem die Tür schließen. Das Thema der Geschichte ist das Unheil, das bei zu geringem Schutz drohen kann, und Heilung, die durch angemessene Abgrenzung möglich ist. Benedikt betet, und der Mönch wird heil. Ein Wunder, das dem des Propheten Elischa im 2. Buch der Könige (4,31-37) nachempfunden ist.

Was an dem jungen Mönch schwer verletzt war - seine Arme und Beine, seine Knochen - steht für die innere Stabilität, ohne die wir uns nicht aufrichten und nicht gehen können. Unser Leben braucht eine Struktur, es braucht Räume und Zeiten, in denen die Seele leben kann. Wir tun gut daran, diese Räume und Zeiten zu bewahren und zu pflegen, sie von Dingen freizuhalten, die nicht dorthin gehören. Selbst geliebte Freunde müssen wir manchmal hinausschicken oder unsere eigenen Wünsche. Um zu verdeutlichen, dass die Seele diesen Schutz braucht, benennt später die mystische Tradition den Ort, an dem Gott und Seele sich begegnen, ja, eins sind, mit klaren Bildern: Meister Eckhart (1260-1327) spricht vom *burgelin*, der kleinen Burg, Teresa von Ávila (1515-1582) von der *Seelenburg*.

Der »Mönch in mir« braucht Orte, an denen ich mit mir selbst und mit Gott wieder in Kontakt kommen kann. So kann ich mich fragen:

- Wo sind diese Orte für mich?
- Wo muss ich mich besser abgrenzen, um wieder die Jugendlichkeit meines Seins zu erlangen?
- Wo kann ich ruhig und ungestört beten? Wo kann ich die heilende Nähe Gottes erfahren?

Die Intimität des gemeinsamen Mahles

KAPITEL 12

> Es war Brauch im Kloster, dass Brüder, die zu Besorgungen ausgingen, außerhalb des Klosters weder Speise noch Trank annahmen. Diese Regel wurde sorgfältig eingehalten. Eines Tages gingen Brüder zu einer Besorgung hinaus und hatten bis zu später Stunde zu tun. Sie kamen auf den Gedanken, bei einer gottgeweihten Frau einzukehren; sie traten in ihr Haus ein und ließen sich bewirten.
>
> Als sie dann später als sonst ins Kloster zurückkamen, baten sie wie üblich den Vater um den Segen. Doch dieser fragte sie gleich: »Wo habt ihr gegessen?« – »Nirgends«, antworteten sie. Da sagte er zu ihnen: »Warum lügt ihr? Seid ihr nicht bei der und der Frau ins Haus gegangen? Habt ihr dort nicht das und das gegessen und so und so viele Becher getrunken?« So sagte ihnen der ehrwürdige Vater die Einkehr bei der Frau, die verschiedenen Speisen und die Zahl der Becher auf den Kopf zu. Da wurde ihnen bewusst, was sie getan hatten. Zitternd fielen sie vor ihm nieder und gestanden ihr Vergehen ein, aber er verzieh ihnen auf der Stelle. Er war überzeugt, dass sie dies nicht noch einmal in seiner Abwesenheit tun würden, wussten sie doch, dass er im Geist bei ihnen war.

Warum dürfen die Mönche außerhalb des Klosters nicht essen? Ist das nicht übertriebene Askese? Ich erinnere mich daran, dass mein erster Abt strikt dagegen war, wenn wir Mönche einmal auswärts essen gingen. Mit meinen Studenten - die meisten von ihnen junge Mönche und Nonnen - habe ich Jahre später über dieses Kapitel der Benediktsvita diskutiert. Es war interessant, dass viele dieselbe Empfindung hatten und dieser Episode etwas abgewinnen konnten. Benedikt hat nichts gegen die Nächstenliebe der gottgeweihten Frau. Er hat sicher etwas gegen die Notlüge, derer sich die Mönche bedienen, als sie nach Hause kommen, aber er verzeiht ihnen schnell. Die Mahnung, nicht außerhalb des Klosters zu essen, findet sich auch in der Benediktsregel selbst: »Wird ein Bruder zu einer Besorgung ausgeschickt und ist zu erwarten, dass er am gleichen Tag ins Kloster zurückkehrt, darf er sich nicht herausnehmen, auswärts zu essen, auch wenn er von jemandem dringend gebeten wird« (RB 51,1). Auch andere Mönchs- und Kirchenväter teilen diese Ansicht über das Auswärtsessen (Hieronymus, Ambrosius, Augustinus, Magister). Was also ist ihr Motiv?

Essen ist ein sehr intimer Vorgang. Beim Essen kommt meine Persönlichkeit zum Vorschein: was ich mag, was nicht, was ich vertrage, was nicht, was mir guttut, was nicht, wie viel ich brauche, worauf ich verzichten kann. Wenn Benedikt in seiner Regel über das Maß der Speise und des Getränkes spricht, bleibt er sehr vorsichtig, ja geradezu skrupulös, denn er weiß, dass die Bedürfnisse sehr unterschiedlich sind (vgl. RB 39–40).

Wenn ich gemeinsam mit anderen esse, wird dabei ebenfalls etwas von meiner Persönlichkeit offenbar sowie von der Persönlichkeit derer, die mit mir am Tisch sitzen. Insofern ist das gemeinsame Essen ein intimer Moment. Beim Essen bin ich verwundbar, denn ich teile mit anderen nicht nur die Speisen, sondern auch die Gedanken. Ich teile mein Leben mit den anderen. Das ist eine wunderbare Sache. Der Mönch aber will sein Leben nur mit Gott teilen, nur ihm allein gefallen (vgl. Prolog 1). Er will seine Nähe in erster Linie Gott schenken. Daher haben die Mönche auch den Brauch, beim Essen zu schweigen und sich nicht zu unterhalten. Das geht auf die Benediktsregel zurück (RB 38). Bei Tisch wurde und wird die Bibel gelesen, die das Wort Gottes enthält. Man ist also quasi nur mit Gott im Gespräch.

Essen verbindet. Und ich entscheide, mit wem ich verbunden sein will. Das gilt für jeden Menschen, ob im Kloster oder außerhalb. Benedikt will, dass wir achtsam mit diesem unserem Potenzial der Intimität umgehen. Auch wenn wir nicht wissen, ob es auf die gottgeweihte Frau zutraf: Es gibt Essen, die arrangiert sind, die mit einem Interesse verbunden sind. Das gilt nicht nur für Geschäftsessen. Vielleicht will jemand uns gewogen machen, uns umschmeicheln, uns manipulieren. Nicht das pure Zusammensein steht dann im Vordergrund oder das

Genießen der Gaben, sondern eine Absicht. Benedikt hingegen will nicht, dass wir uns abhängig machen, sondern frei bleiben. Sein Weg des Sich-Lösens hat das Ziel, wirklich frei zu sein. Dass das Essen miteinander zu teilen ein Zeichen der Nähe, der Liebe und der Freiheit ist, das sehen wir auch im Leben Jesu selbst. Er liebte es, in Gemeinschaft zu essen. Um zu zeigen, dass er Menschen ganz annimmt, isst er mit jenen, die von der Gesellschaft ausgestoßen sind, auch wenn er damit Anstoß erregt. Am Abend vor seinem Tod, zum Abschied von seinen Jüngern, hält er Mahl mit ihnen. Und auch nach seiner Auferstehung isst er häufig mit ihnen. Die Jünger von Emmaus und später die Christen allgemein erkennen Jesus und einander am Brechen des Brotes.

Auch Gruppen und Familien tut es gut, miteinander zu essen. Es baut Gemeinschaft auf. Das gemeinsame Essen ist heute nicht selbstverständlich, häufig muss man es ausdrücklich planen und Zeit dafür finden. Viele Menschen sind es daher eher gewohnt, allein zu essen. Gerade in der Familie ist die gemeinsame Mahlzeit jedoch besonders kostbar. Sie ist Ausdruck der Zusammengehörigkeit. Dabei muss es nicht immer etwas Besonderes geben, vielleicht braucht es das gerade nicht. Einfach miteinander zu essen und dabei schlicht das Grundbedürfnis zu teilen, dass wir Nahrung aufnehmen müssen, weil wir Menschen sind, stärkt die Verbundenheit, die Solidarität, die Freundschaft. Wir werden zu Wegbegleitern, *companions*, ein Wort, das aus dem Lateinischen kommt und wörtlich übersetzt heißt: der, mit dem ich das Brot teile.

- Wem »breche ich das Brot«?
- Wenn ich allein esse: Nehme ich mir Zeit, bin ich dankbar für die Gaben, die ich zu mir nehmen darf?
- Wen möchte ich gerne zum Essen einladen, als Zeichen der Sympathie und Verbundenheit?

Sich nicht vom eigenen Weg abbringen lassen

KAPITEL 13

Der Bruder des Mönchs Valentinianus, den ich oben schon erwähnt habe, war Laie, aber er führte ein gottgeweihtes Leben. Um den Segen des Dieners Gottes zu empfangen und um seinen leiblichen Bruder zu besuchen, begab er sich jedes Jahr von seinem Wohnort zum Kloster und fastete dabei. Eines Tages war er wieder auf dem Weg zum Kloster; da schloss sich ihm ein Wanderer an, der Verpflegung für unterwegs bei sich hatte. Als sich die Zeit hinzog, sagte dieser: »Komm, Bruder, damit wir auf dem Weg nicht matt werden, wollen wir etwas essen!« Er antwortete: »Das tue ich auf keinen Fall; denn ich pflege immer zu fasten, wenn ich zum ehrwürdigen Vater Benedikt gehe.« Auf diese Antwort hin schwieg der Weggefährte eine Zeitlang.

Nachdem sie ein Stück weitergegangen waren, forderte er ihn wieder zum Essen auf; dieser aber wollte nicht, da er entschlossen war, bis zum Ziel am Fasten festzuhalten. Der andere sagte nach dieser Einladung nichts und ging noch ein Stück weit mit, ohne etwas zu essen. Als sie den Weg fortsetzten, wurde ihnen das Gehen immer beschwerlicher, je mehr die Zeit vorrückte. Da kamen sie zu einer Wiese mit einer Quelle und mit allem, was man sich für eine erholsame Rast wünschen konnte. »Schau«, sagte der Weggefährte, »da ist Wasser, eine Wiese und ein angenehmer Platz, wo wir uns stärken und ein wenig ausruhen können; danach werden wir mit neuen Kräften unseren Weg wohlbehalten zu Ende bringen.« Diese Worte und der Platz verlockten Ohr und Auge. Da ließ sich der Bruder des Mönchs Valentinianus bei der dritten Aufforderung überreden, er gab nach und aß.

Am Abend kam er zum Kloster. Er trat vor den ehrwürdigen Vater Benedikt hin und bat ihn um das Segensgebet. Doch sogleich hielt ihm der heilige Mann vor, was er unterwegs getan hatte: »Was ist denn mit dir, Bruder? Der Alte Feind, der durch deinen Weggefährten zu dir gesprochen hat, konnte dich beim ersten Mal nicht überreden, auch beim zweiten Mal nicht; aber beim dritten Mal gelang es ihm. Er hat dich besiegt und dir seinen Willen aufgezwungen.« Da wurden ihm sein Versagen und seine Willensschwäche bewusst; er warf sich Benedikt zu Füßen und beweinte seine Schuld. Seine Scham war deshalb so tief, weil er erkannte, dass sein Fehler zwar in der Ferne, aber dennoch vor den Augen des Vaters Benedikt geschehen war.

Die Regel und das Vorbild Benedikts sind ein Ansporn für viele, nicht nur für Mönche, wie das Beispiel dieser Episode der Benediktsvita zeigt: Der Mann, der Bruders eines Mönchs, wird als *laicus, sed religiosus* beschrieben, das heißt, er war Laie, führte aber ein religiöses Leben. Auch zur Zeit Benedikts gab es eine Vielfalt an Lebensformen. Entscheidend ist hier also nicht die formale Zugehörigkeit zum Kloster, sondern die Praxis. Es ist die konkrete religiöse oder spirituelle Praxis, die verbindet. Die Klostermauer ist keine hermetische Schwelle, stattdessen kann man die benediktinische Spiritualität als eine Einladung an alle verstehen.

Was gleich zu Anfang der Geschichte ins Auge fällt, ist der Anklang an die biblische Vorlage mit der dreifachen Versuchung Jesu in der Wüste. Doch im Gegensatz zu ihm kann der Mann beim dritten Angriff nicht widerstehen. Mit seiner Gabe, Dinge auch aus der Ferne zu erkennen, spricht Benedikt ihn bei seiner Ankunft im Kloster daraufhin an.

Mir scheint, dass es hier nicht nur um das Thema des Fastens geht, sondern um die Frage, wie ich eine einmal getroffene Entscheidung durchhalten kann. Das Besondere ist, dass alle Argumente und auch die Art und Weise, wie sie von dem Begleiter des Mannes vorgetragen werden, nachvollziehbar und vernünftig sind. Sich stärken, sich ausruhen, damit man später besser ans Ziel kommt: Wie konnte der Mann da widersprechen?

Für das jährliche Ritual, fastend zum Kloster hinaufzugehen, hatte sich der Mann ganz und gar allein entschieden. Es ist ihm von niemandem aufgezwungen worden. Nun kommt ein Begleiter mit guten Absichten hinzu, wie es scheint. Es würde dem Mann wirklich, auch objektiv gesehen, nicht schaden, etwas zu essen. Die Ratschläge sind vernünftig und nachvollziehbar, sie klingen sogar barmherzig. Trotzdem entsprechen sie nicht dem, was er eigentlich wollte. Wenn wir uns in dieser Weise zu etwas oder zu jemandem ernsthaft entscheiden, dann braucht es die Kraft des »inneren Mönchs«. Denn eine Entscheidung kann uns einsam machen. Das liegt schon in der Wortbedeutung: Ent-scheiden; ich entschließe mich für eine Sache, scheide damit aber andere Möglichkeiten aus. Interessant wird es, wenn uns gute Freunde, Verwandte oder uns liebe Personen von einer Entscheidung abbringen wollen. In diesen Momenten spüren wir den »Mönch in uns«, wir merken am eigenen Leib, wie einsam und unvertretbar wir sind. Benedikt will diesen Mönch in uns unterstützen. Er gibt keine Ratschläge, redet uns nicht nach dem Mund, findet keine Entschuldigungen oder Rechtfertigungen. Er will, dass ich ich selbst werde und bin, dass ich bei mir wohne.

In diesem Sinn können zuweilen auch die Schönen, die Frommen, die Erfolgreichen, die moralisch auf der richtigen Seite Stehenden meine Versucher sein. Der Begleiter hier wird im Lateinischen *conviator*, »Mitwandernder« genannt, ein Terminus, der für einen Bruder, einen ebenfalls Getauften stand. Auch mein Bruder kann mir zum »Versucher« werden, wenn er mich von meinen ganz eigenen Entscheidungen oder meinem Weg abzubringen versucht. Benedikt hingegen nennt den Mann »Bruder«. Er würdigt die beiden Male, die er der Versuchung standgehalten hat. Beim dritten Mal war das Problem, dass der Begleiter dem Mann »seinen Willen aufgezwungen habe«. Benedikt will die freie Entscheidung des Einzelnen, seine Selbstständigkeit stärken.

Woran man wahre Autorität erkennt

KAPITEL 14–15

Zur Zeit der Goten hörte ihr König Totila, der heilige Mann sei prophetisch begabt. Er zog zum Kloster, hielt in einiger Entfernung an und ließ seine bevorstehende Ankunft melden. Vom Kloster wurde ihm sofort mitgeteilt, er könne kommen. Weil Totila aber misstrauisch war, wollte er herausfinden, ob der Mann Gottes wirklich prophetischen Geist besitze. Er gab deshalb einem seiner Schwertträger namens Riggo seine Schuhe, ließ ihn die königlichen Gewänder anziehen und befahl ihm, sich dem Mann Gottes als König Totila vorzustellen. Zum Gefolge gab er ihm drei Grafen aus seiner engsten Begleitung mit: Vult, Ruderich und Blidin. Vor dem Diener Gottes sollten sie so tun, als ob Riggo der König Totila wäre, und ständig an seiner Seite bleiben. Er gab ihnen noch weitere Gefolgsleute und Schwertträger mit. So sollte jeder wegen dieses Gefolges und der Prunkgewänder denken, Riggo wäre der König.

Riggo betrat in den königlichen Gewändern und mit großem Gefolge den Klosterbereich. Der Mann Gottes saß in einiger Entfernung. Er sah Riggo, ließ ihn bis in Hörweite kommen und rief ihm zu: »Leg ab, mein Sohn! Leg ab, was du anhast! Es gehört nicht dir!« Riggo fiel sofort zu Boden; er war zu Tode erschrocken, weil er es gewagt hatte, mit einem solchen Mann sein Spiel zu treiben. Auch alle anderen, die mit ihm zum Mann Gottes gekommen waren, stürzten fassungslos zu Boden. Sie standen dann wieder auf, wagten aber nicht, sich Benedikt zu nähern, sondern sie kehrten zu ihrem König zurück und berichteten ihm zitternd, wie rasch sie durchschaut worden waren.

Hierauf begab sich Totila selbst zum Mann Gottes. Er sah ihn in einiger Entfernung dasitzen, hatte aber nicht den Mut, näher zu kommen, sondern warf sich auf die Erde. Zwei- oder dreimal sagte ihm der Mann Gottes: »Steh auf!«, aber Totila wagte nicht, sich vor ihm aufzurichten. Da ging Benedikt, der Diener des Herrn Jesus Christus, schließlich selbst zum König hin, der am Boden lag, und hob ihn eigenhändig auf. Er hielt ihm seine Untaten vor und sagte ihm mit wenigen Worten sein künftiges Geschick voraus: »Viel Böses tust du, und viel Böses hast du getan. Lass endlich ab von deinen bösen Taten! Ja, du wirst in Rom einziehen und auch das Meer überqueren. Neun Jahre wirst du regieren, doch im zehnten wirst du sterben.« Der König erschrak sehr, als er das hörte. Er bat ihn um sein Gebet und zog wieder ab. Von da an war er nicht mehr so grausam.

Totila, der damals sehr mächtige König der Goten, will Benedikt sehen wie einst Herodes Jesus. Er stellt ihn auf die Probe, weil er es gewohnt ist, als mächtiger Mann alles tun zu können, was er will, sich alles zu leisten, mit jedem sein Spiel zu treiben. Das will er nun auch mit dem Mönch versuchen.

Benedikt, der auf seinem Weg als Mönch gelernt hat, sich vom Willen zur Macht zu lösen, durchschaut das Spiel sofort. Er ist nicht eitel, er hängt nicht mehr an Symbolen der Macht, so lässt ihn das Spektakel unberührt. Er sieht, dass die Autorität des Totila nur »angezogen« ist, nur äußerlich. Sie kommt nicht von innen, sie hat keine Substanz, ist nicht echt. Wie viele Menschen in Politik, Kirche und Wirtschaft gebärden sich so? Sie betrügen mit ihrem Schein. Der »Mönch in uns« aber durchschaut, dass der Kaiser nackt ist: »Leg ab, mein Sohn, leg ab, was du anhast. Es gehört nicht dir.«

Wahre Autorität ist durch drei Aspekte gekennzeichnet: Sie ist formal, inhaltlich und persönlich. Zum einen braucht es die formale Anerkenntnis einer Gruppe. Das schließt auch einen Titel ein. Autorität braucht ebenso inhaltliche Kompetenz, zum Beispiel Sachkenntnis. Und sie ist persönlich, das heißt, sie kommt aus der Persönlichkeit selbst und kann als solche nicht gespielt und nicht fingiert werden. Menschen, die alle drei Aspekte in ihrer Person vereinen, sind selten. Wenn man zwei davon verkörpert, mag man den dritten kompensieren, fehlt also die formale Autorisierung, verhilft Sachautorität und persönliche Ausstrahlung dazu. Fehlt Sachkompetenz, kann die formale Position und die persönliche Integrität etwas kompensieren helfen, indem man sich die Kompetenz zum Beispiel durch andere Menschen hinzuholt. Jemand ohne persönliche Autorität kann trotzdem zurechtkommen, wenn er den Titel und die Sachkenntnis hat. Im Umgang mit Autoritäten haben mir diese Unterscheidungen immer geholfen. Sie tragen auch dazu bei, mit Menschen in Leitungspositionen barmherziger zu sein, weil niemand ideal und vollkommen ist.

Benedikt bleibt sitzen, als Totila sich nähert, eine Haltung, die seine Autorität zeigt. Er ruft dem falschen König Riggo zu: »*pone, fili*« (leg ab, mein Sohn), was einem antiken Bekehrungsruf gleichkam. Der Mönch Benedikt hat direkten Einfluss und »Macht« über den mächtigen König. Es ist das erste Mal, dass er sich geradezu in die Politik einmischt. Es ist bezeugt, dass Totila ein grausamer Herrscher war. Benedikt mischt sich zum Nutzen und zum Heil der Menschen ein. Er tut es, ohne je sein Kloster zu verlassen, ohne das »Bei-sich-Sein« aufzugeben.

Manchmal suchen heute Politiker Klöster auf, um eine Auszeit zu nehmen oder sich beraten zu lassen. Sie suchen die Nähe der Mönche, entweder mit einem politischen Interesse oder weil sie wirklich spirituelle Vertiefung suchen. Sie leiden vielleicht unter der Last der Verantwortung, unter den Konflikten, sie suchen Orientierung für ihre Entscheidungen oder wollen einfach Abstand haben, um mit einem neuen Blick auf ihr Leben und Tun zu schauen. Sie mögen dabei auch erkennen, dass die Macht und die Autorität, die sie haben, ein Geschenk ist: Sowohl ein Amt wird gegeben als auch das Talent zur Sachkenntnis und persönliche Ausstrahlung ohnehin.

Für die Mönche wiederum kann die Nähe zur weltlichen Macht das Risiko bergen, sich im Schein der Mächtigen zu sonnen und vom Willen zur Macht anstecken zu lassen. Benedikt schreibt - vielleicht aufgrund der Totila-Erfahrung - im Kapitel über die Gäste des Klosters in seiner Regel: »Die allergrößte Sorge und Aufmerksamkeit lasse man bei der Aufnahme von Armen und Pilgern walten, denn mehr als in anderen nimmt man in ihnen Christus auf. Reiche Leute dagegen sind vielvermögend, das führt von selbst dazu, dass sie geehrt werden« (RB 53,15). Jesus sagt einmal, man soll diejenigen einladen, von denen man nicht erwarten kann, dass man etwas zurückbekommt (Lukas 14,14). Die Gastfreundschaft soll ein selbstloses Geben sein. Wir können uns fragen:

- Wie verhalte ich mich in der Nähe von Menschen mit Macht und Einfluss oder Reichtum? Bleibe ich frei und ich selbst?
- Vertraue ich auf die Autorität, die ich als Mensch habe, auf meine Sachkenntnis und meine Talente, oder spiele ich den anderen etwas vor?

Der Verfall kommt von innen

KAPITEL 15

> Bald darauf kam Totila tatsächlich nach Rom und setzte auch nach Sizilien über. Nach dem Ratschluss des allmächtigen Gottes verlor er jedoch im zehnten Jahr seiner Regierung Herrschaft und Leben.
>
> Übrigens kam der Bischof der Kirche von Canusium oft zum Diener Gottes; Benedikt liebte ihn sehr wegen seines vorbildlichen Lebens. Einmal sprachen sie miteinander über den Einzug des Königs Totila in Rom und den Untergang der Stadt. Da sagte der Bischof: »Der König wird diese Stadt so zerstören, dass sie unbewohnbar wird!« Doch der Mann Gottes erwiderte ihm: »Nein, nicht von fremden Völkern wird Rom zerstört werden. Es wird von Unwetter und Blitzschlag, von Stürmen und Erdbeben heimgesucht werden und in sich zerfallen.«
>
> Der verborgene Sinn dieser Weissagung ist uns unterdessen sonnenklar geworden. Wir sehen ja, wie die Stadtmauern verfallen sind, die Wohnhäuser eingestürzt, die Kirchen vom Sturm zerstört, die öffentlichen Gebäude baufällig und immer mehr zu Ruinen geworden sind. Honoratus, der Schüler Benedikts, hat mir das erzählt. Er betont zwar, er habe es nicht aus Benedikts Mund gehört, bezeugt aber, die Brüder hätten dies als ein echtes Wort von ihm überliefert.

Die Zeit Benedikts und noch mehr die Gregors war eine Periode des Verfalls des Römischen Reiches. Andere Völker drangen von außen ein, unter ihnen die Ostgoten, deren König Totila war. Die Stadt Rom war entvölkert und in weiten Teilen verlassen. Diese Episode passt gut in die spirituelle Intention Gregors. Es ist erstaunlich, dass Benedikt nicht zulässt, die »fremden Völker« zum Alibi für die Zerstörung Roms zu machen. Stattdessen weist er auf das Wetter hin. Das Wetter kann der Infrastruktur aber nur schaden, wenn sie nicht instandgehalten beziehungsweise nach Beschädigungen nicht wieder aufgebaut wird, sondern der Verwahrlosung preisgegeben ist. Die Infrastruktur war im antiken Rom in höchstem Maß entwickelt, es gab eine Frischwasserzufuhr, ein Abwassersystem, eine Feuerwehr und vieles andere. Der Verfall war ein Zeichen des Verlustes innerer Spannkraft und innerer Ordnung der Gesellschaft. Die eigentliche Zerstörung kommt nach Benedikts Ansicht von innen, sie ist ein Verfall von innen her: »Wenn eine Familie in sich gespalten ist, kann sie keinen Bestand haben« (Markus 3,25), sagt Jesus einmal.

Im Angesicht dieses äußeren und inneren Zerfalls setzt Benedikt ganz auf den inneren Aufbau. Der geistliche Weg des Mönchs ist für ihn das Wichtigste, dann kommt der äußere Aufbau des Klosters und seiner Mauern. Die Seele muss recht im Glauben und auf das Wort Gottes gegründet sein, sonst fällt das »Haus« zusammen, wie Jesus betont (Matthäus 7,24-29). Innerlich müssen die Wände gerade sein, die Mauern fest, die Bauwerke instandgesetzt. Das ist die Aufbauarbeit des Mönchs. Eine äußere Macht lässt sich austauschen und ist vergänglich, sie ist schwächer als diese innere Macht und kann den »geraden Mauern« eigentlich nichts anhaben. Daher hat der Verfall einer Stadt, einer Gemeinschaft auch eigentlich nichts mit den äußeren Bedingungen zu tun, sondern beginnt grundsätzlich im Innen und wird dann irgendwann am Äußeren sichtbar. Wenn man will, kann man diesen Gedanken auf manche unserer heutigen Gesellschaften anwenden.

Benedikts Denken, Beten und Tun war langfristig angelegt. Die Früchte seiner Arbeit am inneren Aufbau, sowohl persönlich wie zusammen mit seiner Gemeinschaft, brachten ihre Früchte bis ins Mittelalter hinein und weit darüber hinaus. Die Mönche sehen ihren Beitrag für die Gesellschaft bis heute eher im inneren Aufbau, der nachhaltig ist: im Stärken der Seelen, in der Bildung, im Unterstützen des Glaubens. Als Reflexion aus der Geschichte könnten wir uns fragen:

- Neige ich dazu, jemand anderem die Schuld zu geben, wenn etwas nicht funktioniert oder ich Verfall erlebe?
- Bin ich aufbauend in meinen Worten, in meinen Taten, in meiner Ausstrahlung?
- Wo kann ich selbst im Kleinen damit anfangen, an dem mitzuarbeiten, was Jesus das »Reich Gottes« nennt, also an einer Gesellschaft, in der Frieden und Gerechtigkeit herrschen, weil man Gott darin einen Platz einräumt?

Der Rückfall in alte Muster

KAPITEL 16

Damals wurde ein Kleriker der Kirche von Aquino von einem bösen Geist gequält. Der ehrwürdige Constantius, der Bischof dieser Kirche, hatte ihn schon zu den Grabstätten vieler Märtyrer geschickt, damit er dort Heilung finde. Die heiligen Märtyrer wollten ihm aber die Gesundheit nicht schenken; es sollte deutlich werden, welch große Gnadengabe Benedikt besaß.

Man brachte den Mann also zu Benedikt, dem Diener des allmächtigen Gottes. Dieser flehte zum Herrn Jesus Christus, und auf der Stelle trieb er den Alten Feind aus dem Besessenen aus. Den Geheilten aber wies er an: »Geh und iss von nun an kein Fleisch mehr! Untersteh dich, jemals nach einer heiligen Weihe zu streben! Solltest du aber eines Tages so vermessen sein und es trotzdem wagen, dich weihen zu lassen, wirst du auf der Stelle wieder der Gewalt des Teufels verfallen!« Der Kleriker ging gesund nach Hause. Zunächst befolgte er alles, was ihm der Mann Gottes aufgetragen hatte; denn eine gerade angedrohte Strafe versetzt den Menschen in Schrecken.

Im Lauf der Jahre starben nun alle älteren Kleriker, und er musste mit ansehen, dass Jüngere durch die Erteilung der heiligen Weihen einen höheren Rang erhielten als er. Da achtete er nicht mehr auf das, was ihm der Mann Gottes einst gesagt hatte. Als hätte er es nach so langer Zeit vergessen, bewarb er sich um die heilige Weihe. Sogleich ergriff ihn der Teufel wieder, der ihn verlassen hatte, und peinigte ihn so lange, bis er starb.

Eigentlich ist das zumindest zu Beginn eine schöne Geschichte: Benedikt verhilft einem Mann wieder zur Gesundheit. Er macht ihm aber etwas zur Auflage, damit das neue Wohlergehen und die neue Freiheit nicht wieder verloren gehen. Wie bei einem trockenen Alkoholiker ist es wichtig, dass er sich von Dingen fernhält, die ihm schaden. Ob der »böse Geist« eventuell mit Völlerei und übermäßigem Ehrgeiz in Verbindung stand, erfahren wir nicht so genau. Nur, dass diese beiden Laster für ihn gefährlich werden könnten. Das Wort Benedikts hat Gewicht und gilt noch nach Jahren, weil er diesen Menschen von Grund auf im Licht Gottes erkannt hat.

Ein Kleriker war damals nicht notwendigerweise geweiht. Auslöser für seinen Rückfall ist sein Neid auf jüngere seines Standes, die einen höheren Rang hatten. Wie schon in Kapitel 8 wird hier das Gift des Neides thematisiert, das einem Menschen zutiefst schadet, ihn von innen her zerfrisst. Der Mönchsvater Johannes Cassian, auf dessen Schriften sich Benedikt in seiner Regel beruft (vgl. RB 73,5), sagt: »Der Neid ist Speise für den Geist; er vergiftet ihn mit stinkendem Saft und hört nicht auf, die unglückliche [Seele] mit dem Glück des Erfolgs eines anderen zu peinigen« (Inst. V,21).

Neidisch bin ich, wenn ich einer Person einen bestimmten Besitz oder Erfolg nicht gönne, da ich ihn selbst haben möchte. Es gibt viele Weisen, neidisch zu sein, unabhängig von der Thematik des klerikalen Neides. In beinahe jedem Moment unseres Lebens können wir uns mit anderen vergleichen und nicht selten scheint das Gras auf der anderen Seite des Zaunes grüner zu sein: Jemand hat mehr Einfluss und

Macht oder einen höheren Rang, den auch ich haben möchte. Jemand hat größeren Reichtum. Ich kann neidisch auf die Jüngeren sein, weil sie vitaler sind, gesünder, sportlicher, schöner. Man kann sogar neidisch auf die eigenen Kinder sein. Statt dankbar zu sein für das, was ich habe, genügt es mir nicht, und ich will anders werden und anders sein.

Neid »materialisiert« sich, das heißt: Entweder bekämpfe ich den, auf den ich neidisch bin, wie der Priester Florentius den Mönch Benedikt bekämpft. Oder ich will zwanghaft anders werden, zum Beispiel jünger und schöner, und tue alles dafür. Neid wiederum, der sich auf die Liebe und Zuwendung einer anderen Person richtet, ist Eifersucht. Auch das ist ein Thema, ob wir verheiratet sind, mit einem anderen Menschen zusammenleben, oder nicht. Ich habe dann die Angst, diese Person mit einer anderen teilen zu müssen. Krankhafte Eifersucht ist genauso schädlich wie übersteigerter Neid.

Wie kann der »Mönch in mir« dazu beitragen, mich gegen dieses Gift zu schützen? Wenn ich »bei mir selbst wohne« (*habitare secum*), indem ich mich immer wieder einmal in meine Höhle zurückziehe, um bei mir selbst zu sein, so wie Benedikt, und nicht »bei den anderen«, wenn ich nicht an ihnen »klebe«, dann bemerke ich, dass ich das, was andere haben, gar nicht unbedingt brauche. Weil ich zufrieden, im Frieden mit dem bin, was ich habe und was ich bin. Weil ich wahrnehme, dass Gott mich liebt, wie ich bin. Weil ich sehe, was ich Gutes geschenkt bekommen habe, und dafür dankbar bin.

Benedikt ist losgelöst von jeder Art des Klerikalismus und des Machtstrebens, deswegen ficht es ihn nicht an, andere in höherer Position zu sehen. Deshalb kann er diesen Kleriker heilen. Er hat keine Angst vor dem Dämon des Neides. Was ich in der Höhle erlebe und erfahre, ist aber nicht mein »Besitz« oder mein »Status«, den man mir nicht rauben könnte. Ich kann mich immer wieder in meinem Leben von dem entfernen, was ich für mich eigentlich als gut erkannt habe. Die Möglichkeit des Rückfalls in eine alte Abhängigkeit ist immer gegeben. Es ist dann der »alte Feind«, der tätig wird. Wie ein guter Psychotherapeut weiß Benedikt aber, was den Rückfall triggern kann. Deshalb verbietet er dem Kleriker die beiden ganz konkreten »Substanzen«, die er nicht mehr zu sich nehmen darf. Sie bleiben für immer tabu. Der Neid führt den Kleriker zur Weihe, die Weihe aber ist die »Substanz« die ihn schließlich zu Fall bringt. Der Teufel kehrt in seinen Leib zurück, so wie die Droge jemandem letztendlich die Freiheit raubt. Der Rückfall in das alte Muster und der Missbrauch, der damit verbunden ist, führt ins Verderben. Der »Mönch in mir« befähigt mich, ein freier Mensch zu werden und zu bleiben, so wie Paulus im Brief an die Galater sagt: »Zur Freiheit hat uns Christus befreit. Steht daher fest und lasst euch nicht wieder ein Joch der Knechtschaft auflegen!« (Galater 5,1).

Gott wirkt auch mit dem Schrägen

KAPITEL 18

Eines Tages wurde unser Exhilaratus, den du ja seit seiner Bekehrung kennst, von seinem Herrn beauftragt, dem Mann Gottes zwei Holzgefäße mit Wein, sogenannte Flascones, in das Kloster zu bringen. Er überbrachte aber nur eines; das andere hatte er unterwegs versteckt.

Dem Mann Gottes konnte jedoch nicht verborgen bleiben, was in der Ferne geschehen war. Er nahm das eine Gefäß mit Dank an, mahnte aber den Diener beim Weggehen: »Gib acht, mein Sohn, trink nicht aus dem Gefäß, das du versteckt hast. Halte es vorsichtig schräg. Du wirst schon sehen, was darin ist.« Ganz verwirrt nahm der Diener Abschied von dem Mann Gottes. Auf dem Rückweg wollte er überprüfen, was ihm gesagt worden war. Als er das Fässchen schräg hielt, schlüpfte eine Schlange heraus. Der Diener Exhilaratus geriet durch diesen Fund in großen Schrecken über seine böse Tat.

Man könnte hier eine disziplinarische Antwort Benedikts erwarten, eine moralische Ermahnung: »Wie konntest du nur ...!« Benedikt aber nutzt seine Gabe der Weit- und Durchsicht nicht zur Beschämung des Exhilaratus. Er will, dass dieser die Lektion selbstständig lernt, und ermahnt ihn nicht von oben herab. Benedikt ist auch von jeder moralischen Überheblichkeit losgelöst. Obwohl er auf der Seite der »Guten« steht, lässt er das nicht heraushängen. Darin gleicht er sich Jesus an: »Er war Gott gleich, hielt aber nicht daran fest, Gott gleich zu sein« (Philipper 2,6). Wenn ich manchmal das Richtige sehe oder weiß, bedeutet das nicht unbedingt, dass ich den anderen mit der Nase darauf stoßen muss. Ich kann darauf vertrauen, dass sich Richtig und Falsch, Gut und Böse von selbst zeigen werden. Die Schlange wird aus dem Fass hervorkriechen. Ich sollte mich vielmehr in einem sorgenden Sinn darum kümmern, dass der andere keinen Schaden nimmt. Benedikt spricht Exhilaratus sehr freundschaftlich an mit *»fili«* - mein Sohn. Es geht ihm darum, ganz konkret Leben zu fördern, zu bewahren und zu schützen.

Selbst mit dem inneren Mönch als Kompass kann vieles schief laufen auf unserem Weg und wir können gefährdet sein. Gott aber hat einen langen Atem und will uns nicht autoritär die Leviten lesen, sondern dass wir selbst lernen. Dabei lässt er eine Menge »schräge« Sachen zu. »Damit ihr nicht zusammen mit dem Unkraut den Weizen ausreißt«, lehrt Jesus seine Jünger einmal (Matthäus 13,29). Gott kann auf krummen Zeilen gerade schreiben. Ein Mönch ist ohnehin ein eher schräger Typ.

Von Herzen teilen

KAPITEL 19

Nicht weit vom Kloster lag ein Dorf. Dort hatten sich viele Menschen durch die Predigt Benedikts vom Götzendienst zum Glauben an Gott bekehrt. Hier wohnten auch einige gottgeweihte Frauen. Um ihnen geistlichen Zuspruch zu geben, schickte der Diener Gottes Benedikt immer wieder seine Brüder dorthin. Eines Tages sandte er wie üblich einen Mönch zu ihnen. Nachdem dieser die gottgeweihten Frauen unterwiesen hatte, nahm er auf ihr Drängen hin einige Tüchlein an und versteckte sie an seiner Brust.

Sobald er zurückgekehrt war, begann der Mann Gottes ihm heftige und bittere Vorwürfe zu machen und sagte: »Wie ist das Unrecht in deine Brust gekommen?« Der Mönch war ganz erstaunt, hatte er doch vergessen, was er getan hatte; er wusste gar nicht, weshalb er getadelt wurde. Da sagte Benedikt zu ihm: »War ich denn nicht zugegen, als du von den Dienerinnen Gottes die Tüchlein angenommen und an deiner Brust versteckt hast?« Der Mönch fiel sofort vor ihm nieder, bereute sein törichtes Handeln und warf die Tüchlein weg, die er an seiner Brust versteckt hatte.

Vielleicht sieht man zunächst den Übervater Benedikt, der alles sieht und kontrolliert und überall anwesend sein will. Den Hintergrund der Geschichte aber bildet die Regel Benedikts, die besagt: »Vor allem ist dieses Laster samt der Wurzel aus dem Kloster herauszuschneiden: Keiner nehme sich heraus, ohne Geheiß des Abtes etwas wegzugeben oder zu empfangen oder etwas zu eigen zu besitzen, durchaus nichts, weder Buch noch Täfelchen noch Griffel, nein, überhaupt nichts. (...) Aber alles, was sie brauchen, dürfen sie mit Vertrauen vom Vater des Klosters erwarten« (RB 33,1-3.5). Dazu zählt Benedikt »Kukulle, Tunika, leichtes und schweres Schuhwerk, Gürtel, Messer, Griffel, Nadel, Tüchlein, Täfelchen« (RB 55,19). Im 54. Kapitel regelt er darüber hinaus, dass die Mönche keine Geschenke annehmen dürfen ohne die Erlaubnis des Abtes.

Für den Mönch ist alles ein Geschenk Gottes. Er hat Anspruch auf nichts, empfängt aber dankbar alles, was er braucht. Das Kloster, die Gemeinschaft sorgt für ihn. Das ist ein Abbild dafür, dass Gott für ihn sorgt. Alles, was er selbst allerdings nicht wirklich braucht, ist überflüssig und steht der Gemeinschaft wieder zur Verfügung. Der Mönch hat sich in allen menschlichen Dimensionen ganz Gott überlassen (Besitz, Sex, Macht, Armut, Ehelosigkeit und Gehorsam), um alles von seiner Liebe zu empfangen. Deshalb kann er vertrauensvoll »erwarten«, dass er alles vom Vater des Klosters bekommt, was er braucht. Die spirituelle Dimension seines Lebens, der Verzicht auf privates Eigentum aus Liebe und Vertrauen zu Gott, hat also zugleich einen sozialen Aspekt: »Allen gehört alles«, beschreibt die Apostelgeschichte das Leben der ersten Christen; es ist die Gütergemeinschaft (Apostelgeschichte 2,44), die auch Benedikt sich zum Vorbild nimmt. Mit dem eigenmächtigen Annehmen oder Behalten isoliert man sich also von der Gemeinschaft.

Das Problem in dieser Geschichte ist aber nicht so sehr das Behalten von etwas, sondern vielmehr, ähnlich wie in der Paradiesgeschichte, das Verstecken. Adam und Eva versteckten sich vor Gott, Adam versteckte sich hinter Eva, Eva hinter der Schlange, beide verbargen ihr Geschlecht. In unserer Geschichte versteckt der Mönch, was er getan hat. Er versteckt es sogar vor sich selbst, denn er hat es »vergessen« und somit auch kein Unrechtsbewusstsein und kein schlechtes Gewissen. Was er getan hat, liegt komplett in seinem Schatten. Die Paradiesgeschichte zeigt, dass die Menschen ursprünglich dazu geschaffen waren, wie Adam und Eva offen, frei und nackt auf der Erde umherzustreifen; ihnen gehörte alles, außer dem einen Baum. Auch ein Kloster hat teilweise paradiesische Aspekte: Man muss sich um nichts sorgen, denn für alles ist gesorgt. Es droht keine Arbeitslosigkeit, bei Berufsunfähigkeit wird man aufgefangen, um die Altersversorgung muss man sich keine Sorgen machen, genauso wenig wie um die Steuererklärung. Das Essen steht auf dem Tisch. Die Wäsche wird gewaschen. In den meisten Klöstern übernehmen einzelne Mitbrüder qua Arbeitsteilung diese Bereiche jeweils für alle. Vielleicht ist neben dem regelmäßigen Rhythmus von Arbeit, Gebet, Erholung und Essen das ein Grund dafür, dass die Mönche und Nonnen statistisch gesehen in der Regel länger leben als ihre Zeitgenossen.

Das Einzige, worum sich ein Mönch neben seinem ihm zugeteilten Arbeitsbereich kümmern sollte, ist, dass er selbst nichts zurückhält. »Wie ist das Unrecht in deine Brust (*in sinu*) gekommen?«, fragt Benedikt den Mönch in unserer Episode. Das Problem sind nicht die Tüchlein an sich. Man könnte sie für eine Bagatelle halten. Es geht Benedikt hier um die Haltung. Er will, dass man die Brust, das Herz, offenhält für die anderen. Dass man nichts verdeckt, sich nicht versteckt, nichts für sich behält, ohne dabei offen zu bleiben. Er will eine Kultur der Großzügigkeit und nicht der Engherzigkeit. Diesbezüglich aber findet er hier sehr strenge und starke Worte. Denn wenn alle ihre Herzen öffnen, ist genug für alle da.

Was wie eine Utopie klingt, leben die Mönche und Nonnen seit über 1500 Jahren. Im Kommunismus hat das Konzept der Gütergemeinschaft nicht funktioniert. Aus zwei Gründen ist es in den Klöstern im Unterschied zum real existierende Sozialismus lebbar: zum einen, weil jeder ins Kloster Eintretende sich komplett frei zu diesem Lebensstil entscheiden kann, von niemandem gezwungen wird, auch wieder gehen kann und schließlich viele Jahre Zeit hat, um die Entscheidung abzuwägen, bevor er sich endgültig bindet. Zum anderen, weil hinter dem freiwilligen Opfer des Verzichts auf Eigenbesitz ein lebendiger Glaube an einen Gott steht, der für uns sorgt und für uns da ist, der einen liebt und auch alle Mitbrüder liebt. Ohne die Transzendenz geht es nicht.

Interessanterweise wird das alte Konzept gerade wieder gesellschaftlich neu belebt und in manchen Bereichen erprobt: Heute spricht man in diesem Zusammenhang von der Sharing-Economy. Man teilt zum Beispiel Autos, Elektroroller, digitale Enzyklopädien und soziale Medien. Das nimmt einem nicht nur die Last der dauerhaften Verantwortung und Instandhaltung, es ist auch viel ökologischer und nachhaltiger. Im Kloster teilen wir schon seit Jahren die Autos so, wie wir die Toiletten teilen, das Gebet, die Nachtwachen bei den sterbenden Mitbrüdern, den wöchentlichen Tischdienst, die liturgischen Dienste, die Freude, das Leid, unsere ökonomischen Miseren, unsere Skandale, unsere Hoffnung, unseren Glauben und vieles mehr.

Die Gütergemeinschaft ist auch für Mönche herausfordernd, weil man heute einen starken Sinn für Selbstbestimmung hat. Trotzdem wirkt sie befreiend und kann das sicherlich auch außerhalb des Klosters tun: Wenn man den Mut hat, loszulassen, wenn man sein Herz öffnet nach dem Motto »Geben ist seliger denn Nehmen« (Apostelgeschichte 20,35), wird man sehr selten enttäuscht. Dabei entsteht eine solidarische Gemeinschaft. Eine Voraussetzung dafür ist, dass man sich im Wesentlichen aufeinander verlassen kann und sich vertraut. Wenn das nicht gelingt, wird der Gemeinschaftsgeist beschädigt, weshalb Benedikt hier so harsch reagiert. Wir könnten im Kleinen ausprobieren, wie es ist, mehr zu teilen: in der Nachbarschaft und unter Bekannten, unter Mitarbeitern und Kollegen, in der Gemeinde. Es dürfte im kleineren, begrenzten Rahmen einfacher sein als im großen politisch-gesellschaftlichen Bereich, wo man theoretisch dasselbe Prinzip anwenden könnte. Aber vielleicht ist es kein Zufall, dass das Konzept für kleinere Einheiten wie Klöster mit einer überschaubaren Anzahl von Mittuenden erfunden wurde. So könnten wir uns einmal diese Fragen stellen:

- Was brauche ich wirklich?
- Was halte ich nah an meinem Herzen, obwohl es nicht meines ist?
- Was könnte ich großzügig und vertrauensvoll loslassen, sodass es den anderen nützt?
- Sehe ich die Dinge, die ich gebrauchen kann, als Geschenk (von Gott) an? Bin ich dankbar für sie (selbst dann, wenn ich sie verdient und mir erarbeitet habe)?

Dienen – die Kontrolle loslassen

KAPITEL 20

> Als einmal der ehrwürdige Vater beim Abendessen saß, stand einer seiner Mönche, der Sohn eines höheren Beamten, an seinem Tisch und hielt ihm das Licht. Während der Mann Gottes aß und dieser Mönch neben ihm stand, um ihm zu leuchten, erfasste ihn der Geist des Stolzes und er begann in seinem Herzen still zu überlegen und sich in Gedanken zu sagen: »Wer ist denn der da, dem ich beim Essen aufwarten, die Lampe halten und dienen muss? Wer bin ich, dass ich diesem da dienen soll?« Sofort wandte sich der Mann Gottes dem Mönch zu und tadelte ihn heftig: »Bezeichne dein Herz mit dem Kreuz, Bruder! Was redest du da? Bezeichne dein Herz mit dem Kreuz!« Sogleich rief Benedikt Brüder und wies sie an, ihm die Lampe aus der Hand zu nehmen. Dem Bruder aber befahl er, den Dienst abzugeben und sich die übrige Zeit ruhig hinzusetzen. Die Brüder fragten ihn, was er im Herzen gedacht habe. Da erzählte er der Reihe nach, wie sehr der Geist des Stolzes ihn aufgebläht und welche Worte gegen den Mann Gottes er in seinen innersten Gedanken gesprochen habe. Nun wurde allen klar, dass dem heiligen Benedikt nichts verborgen bleiben konnte; denn sein Ohr hörte auch Worte, die nur in Gedanken gesprochen wurden.

Der Stolz ist der König aller Laster, so sagt Gregor der Große und geht damit noch über Cassian hinaus. Stolz ist besonders schwer zu entdecken und zu enttarnen. Wenn ich es beispielsweise geschafft habe, gegenüber allen Lastern, zum Beispiel der Völlerei, der Unkeuschheit, der Ruhmsucht und so weiter immun zu sein, fühle ich mich wahrscheinlich ziemlich gut – und der Stolz stellt sich ein. Der Mönch in der Geschichte ist der Sohn eines höheren Beamten. Ein gewisses Standesdenken bringt er also schon mit ins Kloster. Für ihn wird es besonders schwierig gewesen sein, den Stolz loszulassen. Wie muss sich das für jemanden anfühlen, der vielleicht mit einem Haufen Bediensteter aufgewachsen ist: Da steht er nun neben dem Mönch Benedikt und muss die Lampe halten – nur die Lampe halten! Das ist seiner wirklich nicht würdig. Dafür ist er sich zu gut. Tatsächlich galt eine derartige Arbeit in der Gesellschaft der damaligen Zeit als Sklavenarbeit.

Wieder einmal geht es hier um die Haltung. Denn Benedikt stört sich nicht an der Tat des Mönchs (er tut ja auch nichts, sondern hält nur die Lampe), sondern an seinen Gedanken. Im Kloster sollen soziale Unterschiede keine Rolle mehr spielen (siehe Kap. 5). Die Grundhaltung für alle hingegen soll das Dienen sein: »Im gegenseitigen Gehorsam sollen sie sich überbieten. Keiner soll den eigenen Vorteil suchen, sondern eher den des anderen. Die brüderliche Liebe sollen sie einander selbstlos entgegenbringen« (RB 72,6–8). Damit ahmen die Brüder und Schwestern Christus nach, der gekommen ist, um zu dienen, und nicht, um sich bedienen zu lassen. Wenn wir Menschen unterschiedlicher Herkunft, unterschiedlicher Kultur und unterschiedlichen Geschlechts mit dieser Haltung begegnen würden, würde das unsere Welt sicherlich deutlich friedlicher machen. Männer sollten sich Frauen gegenüber nicht stolz überlegen fühlen, sondern ihnen dienen. Frauen sollten sich Männern gegenüber nicht stolz überlegen fühlen, sondern ihnen dienen. Menschen aus anscheinend gut entwickelten Ländern sollten Menschen anderer Herkunft und Kultur mit Demut und Respekt begegnen, nicht mit Stolz oder gar Verachtung - und dies gerade dann, wenn sie Arbeiten übernehmen, die wir als »unwürdig« oder »niedrig« ansehen. Natürlich sollte das auch umgekehrt für die Immigranten gegenüber den Einheimischen gelten, sodass sie nicht mit übertriebener Anspruchshaltung auftreten. Die Alten sollten den Jungen dienen. Sie sollten nicht stolz sein, nur weil sie mehr Erfahrung haben. Die Jungen aber sollten ebenfalls nicht stolz sein, weil sie jünger und vitaler sind und noch mehr von der Zukunft vor sich haben, sondern auch den Alten dienen. Die Kleriker und alle Arten von »Religionsprofis« sollten selbstredend den Laien beziehungsweise allen dienen. Die Laien sollten aber auch den Klerikern dienen und nicht stolz sein.

Für den Mönch ist Dienen nichts Erniedrigendes, sondern ein Privileg, weil er damit Christus nachahmt. Dienen kann Freude machen und beglückend sein. Es kann aber auch sehr hart sein wie für den Sohn des Beamten in unserer Geschichte. Wenn wir diese Härte aushalten und trotzdem weiter dienen, kann das unsere Seele reinigen. Dienen ist ein Ausdruck von Liebe. Insofern kann eine Haltung des Dienens niemals eingefordert werden; sie basiert immer auf Freiwilligkeit. Wenn andere uns dienen sehen und es uns dabei gutgeht, kann es auch für sie ein Ansporn sein. So kann in einer Gemeinschaft oder in einer Gruppe eine Atmosphäre entstehen, in der man sich gerne gegenseitig hilft und einander dient.

Eine kleine weitere Falle gibt es aber auch hier: Hinter dem Dienen kann sich auch verstecken, dass man die Kontrolle haben will. Auf die Geschichte übertragen: Natürlich hatte der Mönch in diesem Moment die Kontrolle über Benedikt. Wenn er die Lampe ein bisschen weggezogen hätte, hätte Benedikt nicht mehr gut sehen können. Wer dient, hat also auch Macht. Ich habe öfter erlebt, dass Menschen gesagt haben: »Ich will dir helfen.« Was aber wie ein Dienst klang, war in Wirklichkeit nur eine verkappte Weise, Macht auszuüben, das eigene Wollen durchzusetzen oder den anderen zu bevormunden. Das wäre ein Missbrauch des Wortes »dienen« beziehungsweise der Haltung, die dahintersteht. Dienen bedeutet, die Kontrolle abzugeben.

Von der Hoffnung niemals lassen!

KAPITEL 21

Ein andermal war in dieser Gegend Kampaniens eine Hungersnot ausgebrochen. Großer Mangel an Lebensmitteln bedrängte alle; auch im Kloster Benedikts fehlte bereits der Weizen. Fast alle Brote waren schon verzehrt, sodass für die Mahlzeit der Brüder nur noch fünf vorhanden waren. Da nun der ehrwürdige Vater sah, wie niedergedrückt die Brüder waren, suchte er sie wegen ihres Kleinmutes durch sanften Tadel zurechtzuweisen und durch eine Verheißung aufzurichten: »Warum seid ihr traurig, weil ihr kein Brot habt? Heute gibt es zwar nur wenig, morgen jedoch werdet ihr im Überfluss haben.«

Am folgenden Tag fand man zweihundert Scheffel Mehl in zwei Säcken vor der Pforte des Klosters. Bis heute weiß niemand, durch wen der allmächtige Gott sie hatte bringen lassen. Als die Brüder das sahen, dankten sie Gott. So lernten sie aus der Erfahrung der Fülle, in der Not nicht zu zweifeln.

Die Brüder sind niederdrückt und traurig. Sie haben den Mut verloren. Das ist gut zu verstehen, denn nicht nur im Kloster fehlen die Nahrungsmittel, sondern in der ganzen Gegend. Diese Hungersnot ist historisch bezeugt; sie brach in den politischen Wirren unter der Herrschaft der Goten aus. Kein Essen mehr zu haben, ist die härteste Bedrohung, die man sich vorstellen kann. Mein Vater, der mit seiner Familie aus Schlesien flüchten musste, und eine ganze Generation haben in Deutschland nach dem Zweiten Weltkrieg diese Not unmittelbar erlebt. Man ist wie gelähmt und voller Angst - oder »funktioniert« nur noch. Die Episode gibt einen Hinweis für alle, die keine Hoffnung mehr haben und keine Zukunft mehr sehen. Wenn man sich die Zukunft nicht mehr vorstellen kann, verfällt man in Depression. Die Hoffnung ist das, was uns eigentlich am Leben erhält. Viktor Frankl hat die Zeit in den Konzentrationslagern nur überleben können, weil er die Hoffnung nicht aufgegeben hat. Sie ist das Einzige, von dem wir uns nicht lösen dürfen.

Was tut Benedikt? Er weitet den Blick. Statt auf das zu starren, was fehlt, richtig er das Augenmerk auf das, was kommen wird. Damit öffnet er die Zukunft wieder. Er denkt nicht lange voraus: »morgen« werde Hilfe kommen. Hier klingt die Geschichte aus dem Alten Testament an, in der Moses dem Volk, das niedergeschlagen in der Wüste hungert, das Manna für den nächsten Tag ankündigt (vgl. Exodus 16,6-7). Wenn wir niedergedrückt sind, reicht es, wenn wir nur ganz kurz vorausdenken: Schritt für Schritt, morgen ist auch ein Tag. Benedikt hat das auf seinem Weg gelernt: Ein Weg besteht aus nichts mehr, als einen Schritt vor den anderen zu setzen. Wenn ich niedergeschlagen bin, heißt das schlicht: weitergehen!

Um die Brüder aus der Erstarrung herauszuholen, tadelt Benedikt sie leicht – nicht zu sehr, das würde die Traurigkeit nur verstärken. Aber manchmal ist es notwendig, aufgerüttelt zu werden; denn die Hoffnung ganz sinken zu lassen, wäre verheerend. Im 4. Kapitel seiner Regel listet Benedikt 74 »Werkzeuge der geistlichen Kunst« auf. Das letzte dieser knapp und klar formulierten »Instrumente« lautet: »Nie an Gottes Barmherzigkeit verzweifeln«. Benedikt spricht nicht nur vom Zweifel, sondern vom Verzweifeln. Wieder einmal mag er diesen Ratschlag aus einer konkreten Situation gewonnen haben, wie Gregor sie hier beschreibt. Für mich ist dieser Rat wie ein Fels in der Brandung. Wenn die Gedanken heranstürmen, die uns an unserer Lebenssituation zweifeln lassen, an den anderen und vor allem auch an uns selbst, dann sollen wir an Gottes Barmherzigkeit nicht zweifeln. Diese Aufforderung mag schwierig klingen, wenn ich mit Gott in meinem Leben eher negative Erfahrungen in Verbindung bringe. Warum sollte er mir dann helfen, warum sollte ich ausgerechnet an ihm nicht zweifeln? Das Vertrauen in Gott lernen wir hauptsächlich durch das Vertrauen in Menschen, vor allem sicherlich in den ersten Lebensjahren, in Mutter und Vater. Wenn das Vertrauen hingegen gebrochen ist, mag es auch Gott gegenüber gebrochen sein. Genau hier aber setzt Benedikt mit seinem Ratschlag an: Wenn du an allem und allen und an dir selbst zweifelst, zweifele nicht an Gott. Es ist eine Aufforderung, die eine Art der Entscheidung impliziert. Zur Hoffnung und zur Zukunft kann (und muss) ich mich generell entscheiden; das macht Florence Gaub in ihrem Buch »Zukunft« deutlich. Wenn ich mich dafür entscheide, dass Gott wirklich barmherzig ist, dass er mich sieht, dass er mich hört, dass ich ihm nicht egal bin, dass er für mich sorgt, dass er mir hilft, wenn ich in Not bin, dann finde ich Kraft, weiterzugehen – wenigstens bis morgen früh; dann können sich meine Augen öffnen und ich kann am nächsten Tag die Säcke voller Mehl vor meiner Pforte entdecken.

Das alles wird mir dann wie ein Wunder vorkommen. Tatsächlich wussten die Mönche nicht, wer die Säcke ihnen vor die Tür gestellt hatte. Sie deuten es so, dass es Gott selbst gewesen sein muss, denn ihm geben sie Dank. Für Gregor war es ein echtes Brotvermehrungswunder, wie es im Markusevangelium mit der Erzählung der fünf Brote und zwei Fische beschrieben wird (Markus 6,41). Man könnte aber auch sagen, dass das eigentliche Wunder in der Hoffnung besteht. Der französische Mystiker Charles Péguy hat das in seinem Buch »Das Tor zum Geheimnis der Hoffnung« einmal beschrieben, indem er Gott folgende Worte in den Mund legte: »Der Glaube, der mir am liebsten ist, spricht Gott, das ist die Hoffnung. (...) Die Hoffnung, spricht Gott, die erstaunt mich. Selbst mich. Es ist wirklich erstaunlich, dass sie, diese armen Kinder, sehen, wie alles geschieht, und glauben, morgen werde es besser gehen, dass sie sehen, was heute passiert und glauben, morgen werde es besser sein. Das ist erstaunlich und wahrlich das größte Wunder unserer Gnade. Darüber muss ich selbst staunen. Da muss meine Gnade wirklich unglaublich mächtig sein, wie eine Quelle fließen und wie ein unerschöpflicher Strom. (...) Diese kleine Hoffnung, die nach so gar nichts aussieht. Dieses kleine Mädchen Hoffnung. Die Unsterbliche.« (nach Péguy, S. 5, 9 und 10)

Den Träumen vertrauen

KAPITEL 22

Eines Tages wurde Benedikt von einem frommen Mann gebeten, er solle Mönche auf sein Landgut in der Nähe der Stadt Terracina schicken und dort ein Kloster errichten. Benedikt entsprach der Bitte, bestimmte die Brüder dazu, setzte einen Abt für sie ein und benannte dessen Stellvertreter. Als sie aufbrachen, versprach er ihnen: »Geht! An dem und dem Tag komme ich und zeige euch, wo ihr das Oratorium, den Speisesaal für die Brüder, die Unterkunft für die Gäste und alles sonst noch Notwendige erbauen sollt.« Nachdem sie den Segen empfangen hatten, machten sie sich sofort auf den Weg. Voll Ungeduld warteten sie auf den festgesetzten Tag und bereiteten alles Notwendige für jene vor, die mit dem verehrten Vater kommen könnten.

In der Nacht, bevor noch der festgesetzte Tag heraufdämmerte, erschien Benedikt jenem Diener Gottes, den er als Abt dort eingesetzt

> hatte, und dem Prior im Traum und bezeichnete genau, wo die einzelnen Gebäude errichtet werden sollten. Als die beiden vom Schlaf aufgestanden waren, berichteten sie einander, was sie gesehen hatten. Dennoch trauten sie dieser Schau nicht recht und warteten auf das Kommen des Mannes Gottes, wie er es ihnen versprochen hatte.
>
> Als Benedikt am vereinbarten Tag nicht gekommen war, kehrten sie traurig zu ihm zurück und sagten: »Vater, wir haben erwartet, du kämest, wie du versprochen hattest, um uns zu zeigen, wo wir die Gebäude errichten sollten; und du bist nicht gekommen.« Da sprach er zu ihnen: »Warum, meine Brüder, warum sagt ihr das? Bin ich wirklich nicht gekommen, wie ich es versprochen hatte?« Als sie ihn fragten: »Wann bist du denn gekommen?«, sagte er: »Bin ich euch beiden nicht im Traum erschienen, und habe ich nicht die einzelnen Bauplätze bezeichnet? Geht und errichtet alle Wohnräume des Klosters so, wie ihr es in der Schau wahrgenommen habt!« Als sie das hörten, staunten sie sehr, kehrten zum Landgut zurück und bauten alle Gebäude so, wie es ihnen offenbart worden war.

Wir sehen Benedikt wieder als einen, der aufbaut. Er gründet, bestimmt Personal und gestaltet sogar den Bauplan des Klosters. Kirche, Speiseraum und Gästebereich waren dessen wichtigste Räume. Dann erscheint er dem neuen Abt und dem Prior im Traum. Dass er beiden gleichzeitig erscheint und nicht nur einem und dass der Traum denselben Inhalt hat, hebt diesen heraus aus dem Bereich des »Träumerischen«, dem Irrealen. Wenn zwei dieselbe Ahnung haben, dann spricht das für die Wahrheit des Traums. Benedikt, durch seinen Weg der Loslösung in der Lage, seine Seele über Raum und Zeit hinaus zu erheben, kann in seinem Geist fünfzig Kilometer entfernt präsent sein. Die Geschichte will natürlich wieder einmal die Großartigkeit und besondere Begabung des Mönchsvaters zeigen.

Sie will aber auch jeden, der den Mönch in sich trägt, dazu ermutigen, auf seine Träume zu achten. Wer sich von allem oder zumindest vielem gelöst hat, der ist empfänglich für Signale, die das Tagesbewusstsein übersteigen. Die Lektion Benedikts ist hier: Nehmt eure Träume ernst und seht sie als Realität. Nehmt sie als Weisung und echte Begegnung.

Psychologisch gesehen spricht in den Träumen das Unbewusste zu uns. Das, was am Tag nicht so richtig zum Zug kam, drückt sich aus. Es bin *ich*, der sich da ausdrückt, und wenn ich bei mir sein will (*habitare secum*), sollte ich auch die Träume als meine annehmen. Manchmal richten sie sich in die Vergangenheit, dann möchten sie etwas aufzeigen, das ich noch zu verarbeiten habe. Es ist gut, dass sie das für mich tun, es schafft Erleichterung und oft entsteht daraus Heilung, selbst wenn ich die Träume nicht verstehe oder sie zunächst als verstörend empfinde. Besser, ich lebe mich in der Nacht im Traum aus, als diese Gedanken, vielleicht auch Taten immer im Schatten zu lassen. Die Nacht gewährt hier auch einen Schutz. Manchmal richten sich die Träume in die Zukunft, wie es in dieser Geschichte der Fall ist. Wenn man bei sich ist und dort in gewisser Weise jenseits von Zeit und Raum, kann sich anbahnen, was gesehen wird. Die Bibel kennt viele Beispiele dafür: Gott sagt Jakob im Traum seine Treue zu (Genesis 28,10–22); er fragt Salomo im Traum, was er ihm geben soll (1 Könige 3). Josef erhält die Anweisung, mit Maria und seinem Kind nach Ägypten zu fliehen (Matthäus 2,13). Zum Glück nimmt er den Traum ernst und folgt ihm. Der Abt und der Prior von Terracina sehen im Traum, wie das Kloster gebaut werden soll. »Dem kannst du trauen«, lautet die Botschaft des heiligen Benedikt.

Um mit meinen Träumen in Kontakt zu sein, ist es wichtig, dass ich »nüchtern« ins Bett gehe. Wenn ich mich zuvor mit Bildern oder Essen und Trinken »befülle«, verliere ich diese Sensibilität (siehe Wilde, Nüchternheit). Nüchternheit ist schon vom Wort her eine monastische Tugend. Die Mönche aßen in der Nacht (*nocturnus*) nichts, um ganz offen für Gott zu sein, vor allem, wenn sie am Morgen die heilige Eucharistie empfingen. Der Morgen und das Aufwachen sind wichtig, auch für die Träume. In dieser Zeit kann das im Traum Erfahrene ein wenig in das Tagesbewusstsein eindringen. Ich sollte mir dann etwas Zeit nehmen und das Geträumte, vor allem aber auch die dabei entstandenen Bilder und Gefühle weiterwirken lassen. Das kann ich im Gebet und damit im Lichte Gottes tun. Denn die richtige Interpretation ist ebenso wichtig wie der Traum selbst. Der Traum ist im Grunde eine

Begegnung mit mir selbst; im Gespräch mit anderen Menschen oder in der Begegnung mit Gott habe ich die Möglichkeit, ihn für mich aufzuschließen und fruchtbar zu machen.

Natürlich sollte man sich damit aber auch nicht unter Druck setzen oder den Träumen unbedingt eine Bedeutung abringen wollen. Wenn ich nichts mit meinen Träumen anfangen kann, dann ist das auch in Ordnung. Wenn ich mich an meine Träume nicht mehr erinnern kann, ebenso. Aber sie sind ein weiteres Mittel, das mir geschenkt wird, das mir helfen kann, besser bei mir zu sein. Es ist ein Werkzeug für den »Mönch in mir«. Für den Christen ist es die Stimme Gottes und seine Weisung, die er im Traum hören kann. So kann man zum Beispiel versuchen, im Gebet um etwas zu bitten, bevor man einschläft: eine Weisung, einen Hinweis für die Lösung eines Problems oder eine anstehende Entscheidung. Selbstredend funktioniert das alles nicht auf Knopfdruck, sondern nur im Vertrauen. Man könnte auch sagen, dass Gott besonders gut an mir wirken kann, wenn ich ihm nicht »dazwischenfunke«, wenn ich schlafe, wenn ich alles losgelassen habe. »Was recht ist, gibt der Herr denen, die er liebt, im Schlaf«, sagt der Psalm (127,2).

Auch den Mönchen von Terracina hat der Herr es im Schlaf gegeben. Wenn ich mit anderen Menschen und Gott untertags in gutem Kontakt bin, warum sollte ich es nicht auch in der Nacht sein? So wird verständlich, dass Benedikts Präsenz unter seinen Mönchen in Terracina im nächtlichen Traum ganz real war. Die Nacht verbindet nicht nur Gott und Mensch, sondern auch die Menschen untereinander. Das aber war überraschend für den Abt und den Prior von Terracina. Paulus sagt einmal, dass der »Tag des Herrn kommt wie ein Dieb in der Nacht« (1 Thessalonicher 5,2), also unerwartet. Abt und Prior hatten alles gut vorbereitet und geplant, ja sogar auf die Weisung Benedikts hin, dann aber kam es doch anders. Die Geschichte lehrt uns, wach und aufmerksam zu sein, selbst in der Nacht. Der »Mönch in mir« sollte mit Überraschungen rechnen.

Die Wirkung meiner Worte und Taten über den Tod hinaus

KAPITEL 23

Nicht weit von Benedikts Kloster lebten zwei gottgeweihte Frauen aus vornehmer Familie miteinander in ihrem Haus. Ein frommer Mann leistete ihnen Hilfe bei allem, was für das Leben notwendig war. Leicht kann eine vornehme Abstammung eine weniger vornehme Gesinnung mit sich bringen. Denn einige Leute weisen es von sich, in dieser Welt gering von sich zu denken, wenn sie sich daran erinnern, dass sie einmal in höherem Ansehen standen als andere. So hatten auch jene gottgeweihten Frauen ihre Zunge nicht so vollkommen im Zaum, wie es ihrem Stand entsprochen hätte. Sie reizten oft jenen frommen Mann, der ihnen die notwendigen Dienste erwies, durch unbedachtes Reden zum Zorn. Nachdem er dies lange ertragen hatte, ging er zum Mann Gottes und erzählte ihm, welche Schmähungen er sich gefallen lassen musste. Als der Mann Gottes das hörte, gab er ihnen sogleich die Weisung: »Zügelt eure Zunge! Wenn ihr euch nicht bessert, bestrafe ich euch mit Ausschließung!« Diese Ausschließung sprach er jedoch nicht als Urteil, sondern nur als Drohung aus.

Jene Frauen aber änderten ihr früheres Verhalten nicht. Innerhalb weniger Tage starben sie und wurden in der Kirche begraben. Als in dieser Kirche die Messe gefeiert wurde und der Diakon wie üblich rief: »Wer die Kommunion nicht empfängt, gehe hinaus!«, da sah die Amme dieser Frauen, die für sie gewöhnlich dem Herrn die Opfergaben dargebracht hatte, wie sie aus ihren Gräbern hervorkamen und die Kirche verließen. Wiederholt sah sie nun, dass jene nach dem Ruf des Diakons hinausgingen und nicht in der Kirche bleiben konnten. Da erinnerte sie sich daran, was der Mann Gottes ihnen befohlen hatte, als sie noch lebten: Er hatte ihnen gesagt, er werde sie von der Kommunion ausschließen, wenn sie sich in ihrem Verhalten und Reden nicht besserten. In großem Kummer teilte man dies dem Diener Gottes mit. Dieser gab sofort eigenhändig eine Opfergabe und sagte: »Geht und lasst diese Opfergabe für sie dem Herrn darbringen; so werden sie nicht länger ausgeschlossen sein.« Als nun die Opfergabe für sie dargebracht war und der Diakon wie üblich rief: »Wer die Kommunion nicht empfängt, soll die Kirche verlassen!«, sah niemand mehr jene beiden Frauen aus der Kirche hinausgehen. Dadurch wurde zweifellos offenkundig, dass sie vom Herrn durch seinen Diener die Gemeinschaft wiedererlangt hatten; denn sie gingen nun nicht mehr mit jenen hinaus, die von der Kommunion ausgeschlossen waren.

In dieser Episode geht es um die Frage der Wirkung unserer Worte und Taten. Im Sinn der Erzählintention Gregors soll natürlich gezeigt werden: Die Wirkmacht des Wortes Benedikts war überaus groß. Aber auch die Taten der Frauen hatten eine starke Wirkung, sogar über ihren Tod hinaus. Die Geschichte ist für uns Heutige nicht leicht zu verstehen. Sie mag verständlicher werden, wenn wir Gregors Vorstellung vom Leben nach dem Tod berücksichtigen und die Frage nach den Konsequenzen des Handelns des Einzelnen im Leben einer Gemeinschaft.

In der Eucharistie, in der die Auferstehung Jesu gefeiert wird, versammelt sich die ganze Kirche, und zwar nicht nur die Lebenden, sondern auch die Verstorbenen, die ihr neues Leben von Christus haben. Auch die beiden verstorbenen Frauen sind also dabei. Sie »verlassen« aber beim Bußruf des Diakons die Kirche. Es scheint, als sei die Drohung, die Benedikt ihnen gegenüber ausgesprochen hatte, nun nach ihrem Tod wahr geworden. Sie hatten sich insofern der Gemeinschaft gegenüber verfehlt, als dass sie ohne Grund aggressiv zu dem frommen Mann waren, der sich um sie kümmerte. Der wiederum fährt fort, den Frauen diskret zu dienen. Zur Aggressivität kommt der Standesdünkel der Frauen hinzu. Ihnen fehlt es an Demut. Das alles steht der von ihnen gewählten Lebensform entgegen. Denn sie sind »gottgeweiht«, wie es im Text heißt. Der Mann geht schließlich zu Benedikt, denn es gibt eine Grenze der Duldsamkeit. Benedikt weist die Frauen zurecht. Zwar ist er nicht der zuständige Bischof, aber er hat charismatische Autorität. Und er will helfen, möchte die innere Bekehrung der Frauen. Er droht ihnen insofern, als er ihnen die Konsequenz ihres Verhaltens aufzeigt: »Mit eurem Verhalten schließt Ihr euch selbst aus der Gemeinschaft der Gläubigen aus. Wenn ihr aber das Verhalten ändert, seid ihr wieder drinnen.« Er urteilt nicht final über sie, denn das Urteil steht allein Christus zu. Benedikt handelt hier nach der Gemeinderegel, die sich im Matthäusevangelium findet (18,5) und die er auch in seine Regel (RB 23) übernimmt: Man weist den, der sich der Gemeinde gegenüber verfehlt, zunächst unter vier Augen zurecht.

Die Frauen aber reagieren nicht. Sie sterben und sind, weil sie sich nicht bekehrt haben, selbst nach dem Tod aus der Gemeinschaft ausgeschlossen. Die Teilnehmer der Eucharistie »sehen« das im Moment, in dem der Diakon üblicherweise die auffordert, die Kirche zu verlassen, die gerade in einer Bußzeit waren und daher nicht an der Kommunion teilnahmen. In der alten Kirche war die Exkommunikation eine zeitlich begrenzte Maßnahme.

Nun wird die Barmherzigkeit und Sorge sowohl der Gemeinde als auch Benedikts deutlich. Denn es ging von Anfang an darum, dass die Frauen wieder in der Gemeinschaft sein können. Dieser Wunsch reicht sogar über deren Tod hinaus. Das Opfer Benedikts kann man als ein stellvertretendes Zeichen der Sühne für die Frauen interpretieren. Das war zu Gregors Zeiten ein übliches Ritual. Es hilft sofort, und so finden die Verstorbenen in die Gemeinschaft zurück und daher ihren Frieden.

Die alte Kirche war konsequenter bei der Bewertung des Verhaltens ihrer Mitglieder. Weil die christliche Ethik Leitfaden für das Leben war, hatte auch Fehlverhalten Konsequenzen. Diese waren aber klug und nachsichtig gestaffelt, je nach Schwere. Mit seinem Fehlverhalten setzte man sich selbst außerhalb der Gemeinschaft. Die Bußzeit der Ausschließung diente dazu, den Betreffenden bewusst zu machen, was sie da eigentlich getan hatten, und dabei ihre Sehnsucht zu fördern, wieder dazuzugehören, und sie zur Umkehr zu motivieren. In einer Gesellschaft, in der man maximal inklusiv sein will, scheint dieses Verfahren kaum verständlich. Es wirkt vor allem fremd, weil wir das Individuum immer höher bewerten als die Gemeinschaft. Dabei vergessen wir manchmal, dass eine Gemeinschaft durch das Verhalten Einzelner durchaus Schaden nehmen kann, und das bedeutet konkret wiederum ein Schaden für einzelne Mitglieder der Gemeinschaft. Das Ziel jeder Maßnahme in der alten Kirche und so auch in der Benediktsregel war immer, dass der Einzelne Heilung findet und wieder ganz in der Gemeinschaft integriert ist. Das war auch Benedikts Intention in dieser Geschichte.

Die Episode deutet noch einen weiteren Aspekt an: Mein Verhalten hat Auswirkungen auf die Gemeinschaft. Diese sind umso ernster zu nehmen, als sie quasi noch nach dem Tod eine Rolle spielen. Und ist es nicht wirklich so? Wie schwierig ist es zum Beispiel für Nachkommen von Nazi- oder Gewaltverbrechern, mit der Geschichte ihrer Familie zurechtzukommen? Ihre Vorfahren haben Menschen geschadet. Sie haben sich insofern aus der Gemeinschaft, der Gesellschaft ausgeschlossen. Und insofern sie nicht umgekehrt sind, bereut und gebüßt haben, schwirren sie in den Gedanken der Nachkommen weiter umher. Sie finden sozusagen keine Ruhe, selbst im Leben ihrer Kinder und Kindeskinder nicht. Unsere Geschichte bestätigt aber auch, dass selbst die Nachkommen noch etwas tun können und in dieser Hinsicht nicht machtlos sind. So versuchen sie oft, sich durch bewusste Nachforschungen oder Therapien von der Geschichte der Vorfahren zu lösen. Die Episode aus der Benediktsvita empfiehlt gläubigen Menschen, für die Verstorbenen zu beten oder sogar kleine Opfer darzubringen. Es ist völlig in Gottes Hand, was dann geschieht, aber die Nachkommen sind wenigstens nicht machtlos. Sie füllen das Verhältnis zu den Verstorbenen sozusagen mit Liebe und mit dem Wunsch, dass die Wahrheit ans Licht darf.

Die Bedeutung unserer Worte und Taten über den Tod hinaus sind nachvollziehbar unabhängig davon, welcher Religion man angehört. Der christliche Glaube kann dazu beitragen, diese Wahrnehmung zu schärfen. Wenn das Leben des Menschen sich nach dem Tod im Nichts verliert – und damit auch die Beziehung zu den anderen Menschen –, dann ist es weniger realistisch, als Hinterbliebener noch an dieser Beziehung zu arbeiten. Auch der Buddhismus geht davon aus, dass das, was wir tun, eine Wirkung auf unser Leben nach dem Tod hat, durch das Konzept der Wiedergeburt. Die Christen glauben an die Barmherzigkeit Gottes, selbst nach dem Tod. Sie bekennen aber auch ein Gericht; dieses geht von Jesus Christus aus, der die Welt gut kennt, weil er selbst in ihr gelebt hat, der unter Ungerechtigkeit gelitten hat, der aber auch kontinuierlich den Menschen vergeben hat; der schließlich am Kreuz lieber Ungerechtigkeit auf sich nahm als sie selbst auszuüben.

Meine Beziehung zu den Verstorbenen

KAPITEL 24

> Ein ganz junger Mönch, der seine Eltern über alle Maßen liebte und den es nach Hause zog, verließ eines Tages das Kloster ohne den Segen des Abtes. Kaum war er bei seinen Eltern angekommen, starb er noch am gleichen Tag. Nachdem er begraben worden war, fand man am folgenden Tag den Leichnam aus dem Grab herausgeworfen. Man ließ ihn wieder begraben. Aber tags darauf fanden sie ihn erneut herausgeworfen und unbeerdigt wie zuvor.
>
> Da eilten die Eltern sogleich zum Vater Benedikt, warfen sich ihm zu Füßen und baten ihn laut weinend, er möge ihrem Sohn doch sein Wohlwollen zeigen. Der Mann Gottes gab ihnen ohne Zögern eigenhändig den Leib des Herrn und sagte: »Geht und legt den Leib des Herrn auf seine Brust und begrabt ihn so!« Als dies geschehen war, behielt die Erde seinen Leichnam und warf ihn nicht wieder heraus.

Man kann wirklich nur staunen, wenn man diese Geschichte liest – oder eher schmunzeln. Ist sie nicht allzu skurril? Was könnte Gregor uns damit sagen wollen? Die Geschichte bewegt sich wie schon die vorige Episode im Übergang zwischen dem irdischen Leben und dem Leben danach. Diese Art von Erzählung mit sogenanntem eschatologischem Inhalt sind Gregor besonders wichtig. Er widmet ihnen sogar ein eigenes, das vierte Buch in den »Dialogen«. Während die Geschichte mit den gottgeweihten Frauen die Wirkung auf die Gemeinschaft betont, geht es hier mehr um die Konsequenz, die das Handeln für den Einzelnen selbst hat.

Freilich könnte man auch diese Geschichte im Sinne einer dunklen Pädagogik lesen: »Siehst du, wenn du in diesem Leben nicht gehorchst, wird es dir im nächsten schlecht gehen! Benedikt sieht dich und deine Fehler sogar noch nach dem Tod.« Dieses für viele Jahrhunderte prägende Denkschema stellt jedoch einen Missbrauch des Glaubens an das Leben nach dem Tod dar.

Um was es hier eigentlich geht, ist: Was du tust, hat Konsequenzen – wir sahen das schon im letzten Kapitel. Benedikt will das Wohl seiner Brüder und tut alles für sie, selbst nach ihrem Tod. Es geht also wieder um den Segen, den die Lebenden den Verstorbenen geben können. Damit der junge Mönch Ruhe findet, braucht es noch den Segen des Abtes Benedikt, den er im Leben nicht mehr bekommen hat. Denn die enge Verbindung zwischen dem jungen Mönch und seinen Eltern besteht natürlich über den Tod hinaus, und so wie im Leben wollen sie auch jetzt, dass es ihm gutgeht. Jeder, der einen lieben Menschen verloren hat, kann das nachvollziehen. Die Eltern des jungen Mönchs versuchen alles, was möglich ist, damit ihr Sohn Frieden hat. Aus dem Grab herausgeworfen zu werden ist hier ein Zeichen dafür, dass der Verstorbene noch keinen Frieden gefunden hat, zumindest in den Augen der Menschen, denn wie er oder sie in den Augen Gottes dasteht, ist eine ganz andere Frage. Jetzt ist Benedikt am Zug. Er erteilt den Segen, den er ihm vor seinem Tod nicht mehr geben konnte. Es gab damals tatsächlich den Brauch, eine Hostie auf die Brust eines Toten zu legen. Das drückte die intime Nähe Christi zu dem Verstorbenen aus. Ob man selbst den Verstorbenen noch die Kommunion reichen könne, wurde in der frühen Kirche immer wieder einmal kontrovers diskutiert. Allerdings entschieden sich mehrere Synoden wiederholt gegen eine solche Praxis.

Welche Bedeutung kann die Episode aber für uns heute haben? Es gibt in der katholischen Kirche die Tradition, eine Messe für die Verstorbenen feiern zu lassen. Darin steckt der Wunsch, dass man alles »von dieser Seite aus« tut, damit es unseren Verstorbenen gutgeht. Das kann auch auf andere und auf vielerlei Weise geschehen. Wenn ich zum Beispiel weiß, dass unsere verstorbenen Eltern sich wünschten, dass die Kinder sich vertragen oder versöhnen, kann ich dazu beitragen, indem ich mich um Versöhnung mit meinen Geschwistern bemühe - damit die Eltern »Ruhe finden«. Das ist der Wunsch für sie, den man häufig auf den Grabstein schreibt: »Mögen sie ruhen in Frieden«. Das Thema kam mir auch einmal besonders nahe, als sich ein junger Mann in einem kleinen Ort das Leben nahm. Er hinterließ Frau und Kinder. Die Wochen und Monate danach waren nicht nur für seine Angehörigen schrecklich, sondern für das ganze Dorf. Man spürte, dass alle sich fragten: Warum? Hätten wir etwas bemerken müssen, haben wir etwas unterlassen? Haben wir etwas falsch gemacht? Man hatte das Gefühl, dass die Seele dieses Mannes immer noch irgendwo herumirrte und keine Ruhe finden konnte, zumindest in den Köpfen und Herzen der hinterbliebenen Menschen. Man hatte auch das Gefühl, das dieses junge Leben eigentlich noch nicht vollendet war, dass da noch so viel fehlte. Die Geschichte der Benediktsvita kann in einem solchen Fall heilsam wirken. Sie lädt uns ein, als Überlebende das zu tun, was uns möglich ist, damit zumindest in unserer Beziehung zu den Toten Friede einkehren kann. Denn Unfriede hat auch auf uns selbst einen Effekt.

Die Geschichte ermutigt dazu, in der Zeit der Trauer oder auch danach von Zeit und Zeit über unsere Beziehung zu den Verstorbenen nachzudenken: unseren Eltern, Geschwistern, Verwandten, Freunden, Lehrerinnen und Lehrern. Wenn ich aus meiner subjektiven und begrenzten Sicht heraus das Gefühl habe, dass sie zur »Vollendung« ihres Lebens noch etwas gebrauchen könnten, wozu ich beitragen könnte, dann bin ich eingeladen, meine Zuneigung, ja meine Liebe zu ihnen zum Ausdruck zu bringen.

Wir können uns also fragen: Wie mag es ihnen jetzt gehen? Wünsche ich ihnen Gutes? Wenn sie sehr schwer gesündigt haben, zum Beispiel wenn sie Missbrauch begangen haben: Sind sie jetzt trotzdem bei Gott? Will ich für sie beten? Vielleicht begegne ich in dieser Reflektion auch negativen Gefühlen: Will ich jemandem am liebsten nicht mehr begegnen? Bin ich froh, dass er tot ist? Im christlichen Glauben ist es Christus selbst, der die Beziehung zu den Verstorbenen herstellt und sie heilen kann, denn er ist »der Herr der Lebenden *und* der Toten«. Die Toten sollten uns auf dieser Erde Lebenden also nicht egal sein, denn »keiner von uns lebt sich selbst und keiner stirbt sich selbst« (Römer 14,7-9).

Über die Dinge nach dem Tod zu sprechen, ist delikat. Jesus lädt uns dazu ein, uns auch von unseren diesbezüglichen Vorstellungen und möglichen Verkettungen innerhalb der Generationen zu lösen. Als die Jünger einen Mann sehen, der seit seiner Geburt blind war, fragten sie Jesus: »Rabbi, wer hat gesündigt? Er selbst oder seine Eltern, sodass er blind geboren wurde?« Jesus antwortete: »Weder er noch seine Eltern haben gesündigt, sondern die Werke Gottes sollen an ihm offenbar werden.« Mit dieser Antwort tut Jesus nichts anderes als den Blindgeborenen und seine Verwandten einfach zu segnen (Johannes 9,1-3).

Sich dem eigenen Schatten stellen

KAPITEL 25

> Ein anderer Mönch war wankelmütig geworden und wollte nicht mehr im Kloster bleiben. Der Mann Gottes wies ihn unermüdlich zurecht und ermahnte ihn immer wieder. Der Mönch wollte aber um keinen Preis mehr in der Klostergemeinschaft ausharren. Als er mit zudringlichen Bitten seine Entlassung verlangte, wurde der ehrwürdige Vater eines Tages des unablässigen Drängens überdrüssig und befahl ihm voller Zorn zu gehen.
>
> Kaum hatte der Mönch das Kloster verlassen, da sah er auf dem Weg einen Drachen mit aufgesperrtem Rachen auf sich zukommen. Als ihn der Drache, der ihm erschienen war, verschlingen wollte, fing er an zu

> zittern und zu beben und schrie laut: »Hilfe! Hilfe! Der Drache will mich verschlingen!« Die Brüder eilten herbei, sahen aber keinen Drachen. Da führten sie den schlotternden Mönch ins Kloster zurück. Er versprach auf der Stelle, nie mehr das Kloster zu verlassen. Und von jener Stunde an blieb er seinem Versprechen treu. Denn durch das Gebet des heiligen Mannes hatte er den Drachen gesehen, der auf ihn losstürzte; vorher war er ihm gefolgt, ohne ihn zu sehen.

Wieder wirkt die Geschichte wenig heutig und durchaus »schwarzpädagogisch«: »Wage ja nicht, aus dem Kloster auszutreten, der Drache könnte dich verschlingen!« Trotzdem scheint es mir hier weniger darum zu gehen, ob der Mönch aus dem Kloster austritt oder nicht, sondern eher darum, sich dem eigenen Schatten zu stellen.

Der Mönch ist voller Unruhe und unzufrieden. Ruhig und unermüdlich redet ihm Benedikt gut zu, aber ohne Erfolg. Der Zorn, den er schließlich an den Tag legt, ist kein affektiver, sondern ein professioneller Zorn. Es ist ein weiterer Versuch, dem Mönch zu helfen. Benedikt will, dass der Bruder die Konsequenzen seines Handelns selbst erfährt, er nimmt ihn als einen Menschen ernst, der reif genug ist: »Wenn Du es willst, dann geh!« Mit Nachdruck will er ihm dabei helfen, seiner eigenen Wahrheit zu begegnen. Wie gesagt, es geht hier nicht darum, Menschen zu verurteilen, die aus dem Kloster austreten oder ein Gelübde brechen, vielleicht brechen müssen. Im Gegenteil: In gewisser Weise fordert Benedikt den Mönch dazu auf, das Gelübde zu brechen. Er ist dabei nach wie vor davon überzeugt, dass der Mönch zum Klosterleben berufen ist. Aber er stößt ihn hinaus in seinen Schatten, den er selbst zunächst nicht sehen wollte oder konnte.

Und kaum aus dem Kloster heraus, begegnet er ihm schon: seinem »Drachen«. Wir können das Tier als Bild für seinen Schatten nehmen. Was damit gemeint ist, wird hier nicht näher spezifiziert. Klar ist aber, dass es etwas war, das ihn die ganze Zeit regiert hat, das seine Unruhe erzeugt hat, seinen Unwillen zu bleiben, seine fehlende Stabilität, denn hinterher findet er seinen Frieden. Oft ist dieser Schatten in unserem Leben etwas aus unserer Vergangenheit, das nicht angeschaut oder unbearbeitet ist. Das Bild des Schattens macht deutlich, dass uns etwas folgt, das zu uns gehört, das wir aber nicht sehen. Wir müssen uns umdrehen, um ihn sehen zu können, wir müssen ihn bei Licht betrachten, ihm begegnen, um mit ihm umgehen zu können. Dann regiert er nicht mehr uns, sondern wir ihn. Der Schatten hat etwas Verschlingendes, er absorbiert uns ganz. Er ist das Dunkle an mir und in mir, das Bild für die Gefährdungen, die von innen kommen.

Solange der Schatten uns nicht bewusst ist, macht er uns Angst. Er erschreckt uns wie ein Drache, der plötzlich vor uns steht. Diesen Schreck muss der Mönch erleiden. Das geschieht noch in der Nähe des Klosters, denn die Brüder eilen ihm sofort zu Hilfe. Sie machen ihm keine Vorwürfe und er kehrt ins Kloster zurück. Letztlich hat ihm der stabile Rahmen des Klosters geholfen, sich seinem Schatten zu stellen, und so geschieht Heilung. Was er vorher einfach nicht tun konnte, ist nun möglich: sein Versprechen geben und es halten.

Der Schatten ist prinzipiell keine schlimme Sache; im Gegenteil, er gehört ja zu uns. Er wird nur zum Problem, wenn er auf Dauer nicht angeschaut wird. Deswegen geht es hier auch darum, wie der Mönch ein gegebenes Versprechen auf Dauer durchhalten kann. Das können wir auf jede Art von Versprechen übertragen. Solange es da noch etwas in uns gibt, das etwas ganz anderes will, werden wir unruhig bleiben. Die Geschichte ermutigt dazu, uns dem zu stellen, was wir vielleicht momentan noch nicht sehen wollen: Es gibt auch andere Optionen in meinem Leben, die mich durchaus anziehen, die ich mir durchaus gut vorstellen kann. Anstatt ständig zu lamentieren, fordert Benedikt wie ein guter Freund dazu auf, es doch auszuprobieren. Jede Entscheidung schließt immer andere Optionen aus. Wenn ich aber die anderen Möglichkeiten noch nicht frei spüren oder ausprobieren konnte, steht die Entscheidung auf schwachen Füßen.

Das bedeutet wahrlich nicht, dass man im Leben alles ausprobiert haben muss. Es macht aber Mut, eine Entscheidung wirklich zu treffen.

Keine Entscheidung ist perfekt. Schon gar nicht Lebensentscheidungen, selbst wenn ich mit viel Glanz und Gloria gefeiert werden. Es ist in Ordnung, noch nicht ganz reif für eine Ehe oder eine Profess oder eine vergleichbare Entscheidung zu sein. Aber ich werde mein Leben lang »nachsteuern müssen«. Ich habe die Entscheidung nicht »in der Tasche«. Vielleicht tauchen die anderen Möglichkeiten erst später in meinem Leben auf, vielleicht haben ich sie mir vorher nicht zugestanden oder sie waren wirklich nicht wichtig. Wenn sie aber an die Tür klopfen, darf ich den Mut haben, sie mir anzusehen – wenn es möglich ist, mit dem oder denen in Verbindung bleibend, denen ich mich versprochen habe. Es ist vielleicht auch für sie besser, wenn das Lamentieren aufhört. Im monastischen Bereich gibt es die Möglichkeit der Beurlaubung für ein bis drei Jahre. Das heißt, man bleibt Teil der Gemeinschaft, kann aber außerhalb etwas anderes ausprobieren, um zu prüfen, was der eigene Weg ist. Es geht um die Freiheit, auf der jeder Glaube und jede Entscheidung aufgebaut ist. Nur in Freiheit kann ich mich dem anderen geben. Der »Mönch in mir« ist der freie Mensch; er ist immer frei, diese Unterscheidung der Geister, oder wie es im Englischen heißt, dieses *discernment* anzugehen.

Heilt die Kranken!

KAPITEL 26, 27

> Ich möchte auch das nicht verschweigen, was mir der vornehme Aptonius erzählt hat. Ein Diener seines Vaters war von einer schweren Krankheit, der sogenannten Elephantiasis, befallen. Die Haare fielen ihm aus, die Haut schwoll an und eiterte immer stärker. Der Kranke wurde vom Vater des Aptonius zum Mann Gottes Benedikt geschickt, und in kurzer Zeit war er wieder gesund wie zuvor.

Jesus sagt im Matthäusevangelium: »Geht hin in alle Welt, heilt die Kranken, weckt Tote auf und treibt die Dämonen aus« (Matthäus 10,8). Als Christen nehmen wir das üblicherweise nicht so wörtlich. Wie könnte ich Menschen heilen, wie sie gar von den Toten erwecken?

Wir legen die Stelle übertragen aus, indem wir als christliche Kirchen Krankenhäuser bauen oder betreiben und uns in der psychosozialen Beratung engagieren. Das ist wichtig und gut. Benedikt wird hier jedoch als einer beschrieben, der höchstpersönlich einen Menschen heilt. Dabei ist er gar kein Arzt. In der Benediktsregel wird der Abt oft mit Metaphern aus dem medizinischen Bereich beschrieben: Er soll lindernde Umschläge anwenden, die Salbe der Ermahnungen, die Heilmittel der göttlichen Schriften und so weiter (vgl. RB 28,2-3).

Der Mann in der Geschichte hat eine schwere Krankheit. Als Elephantiasis wurde eine Art Aussatz bezeichnet, der besonders ekelerregend und furchteinflößend war. Zum persönlichen Elend kam also noch die soziale Ausgrenzung hinzu. Jesus wendet sich im Evangelium besonders den Leprakranken zu, da auch ihr Leiden in diesem Sinn doppelt schwer war (vgl. Lukas 17,11-19), und er mahnt: »Macht die Aussätzigen rein« (Matthäus 10,8).

Die Heilung, die im Auftrag Jesu geschieht, ist immer ein Werk seiner Gnade. Sie hat nicht in erster Linie etwas mit der besonderen Kunst des Heilenden zu tun. Und trotzdem versteht man, warum Benedikt besonders geeignet war, den vom Aussatz betroffenen Mann mit der Hilfe Gottes zu heilen. Benedikt wusste, was es heißt, Außenseiter zu sein. Er selbst hatte sich von den Menschen entfernt, weil er nicht mehr »dazu passte«. Er selbst hatte in Isolation gelebt. Sein geistlicher Weg des Sich-Loslösens und des Sich-Leerens wiederum versetzte ihn in die Lage, sich ganz von Gott füllen zu lassen - auch mit seiner heilenden Kraft, die immer da ist und nur darauf wartet, tätig werden zu können. Man könnte sagen, dass Benedikt durch den Prozess des Loslösens wieder auf »Werkeinstellung« zurückgegangen ist: Er ist so, wie er von Gott gemeint und geschaffen war, unverfälscht, in Harmonie mit Gott und der Welt. So war er bei Gott und mit Gott, der das Heil ist und die Heilung will. Auch jeder von uns hat diese Möglichkeit. Jesus sagt einmal: »Amen, amen, ich sage euch: Wer an mich glaubt, wird die Werke, die ich vollbringe, auch vollbringen und er wird noch größere als diese vollbringen« (Johannes 14,12). Dieses Wort hat mich immer fasziniert. Wie kann das sein, dass wir größere Wunder vollbringen könnten als Jesus selbst? Es kann nur so gemeint sein, dass jeder Mensch das Potenzial hat, so nah bei Gott zu sein, dass alles, was Gott will, durch ihn tatsächlich geschehen kann.

Oft umgibt die Kranken auch heute noch der Nimbus des Hässlichen, gerade in Bezug auf psychische Erkrankungen. Sie machen uns Angst und erinnern uns an unsere eigene Gebrechlichkeit. Im Losgelöstsein von dieser Angst und im »Bei-sich-Wohnen« können wir uns furchtlos den Kranken zuwenden. Davon handelt die nächste Episode in der Benediktsvita:

> Nun will ich zu dem zurückkehren, was ich von jenen drei Schülern des heiligen Benedikt hörte, die ich am Anfang dieses Buches genannt habe. Ein Mann hatte unter heftiger Missgunst seines Feindes zu leiden. Dieser ging in seinem Hass so weit, dass er ihm heimlich Gift ins Getränk mischte. Dies kostete ihn zwar nicht das Leben, dennoch veränderte sich die Farbe seiner Haut derart, dass sich auf seinem Körper verschiedene Flecken zeigten, die wie Lepra wirkten. Man führte ihn zum Mann Gottes, und schnell erlangte er wieder die frühere Gesundheit. Denn sobald Benedikt ihn berührte, verschwanden alle Flecken auf seiner Haut.

Wieder einmal geht das Unheil vom Neid aus. Es scheint eine Erfahrung zu sein, mit der Benedikt oft konfrontiert war. Die Missgunst ist tatsächlich wie ein Geschwür, das sich in den Menschen hineinfrisst. Sie hat aber auch eine Wirkung nach außen. Wie ein Gift verbreitet sie sich dann durch Getratsche, falsche Nachrede und Manipulationen in das Umfeld weiter. Und so wird auch in dieser Geschichte wieder einmal Gift ins Getränk gemischt.

Benedikt heilt den Mann durch eine Berührung. Auch Jesus berührt die Menschen oft, wenn er sie heilt (vgl. zum Beispiel Matthäus 8,3). In unserem Fall ist die Haut die vulnerable Stelle, das Organ, das die Berührung wahrnimmt. Benedikt hat wieder einmal keine Angst vor dem sehr direkten, ja intimen Kontakt. In der Pandemie haben wir alle gelernt, wieder mehr Abstand voneinander zu halten. Wir sind mit Berührungen vorsichtiger geworden. Und doch spürt jeder und jede, wie gut Berührungen tun und wie nötig wir sie in unserem Leben haben. Dem kranken Mann wird die Berührung zur Heilung.

Die Heilungsgeschichten Benedikts wollen uns ermutigen. Selbst wenn wir nicht so sehr mit Gott verbunden sind, selbst wenn wir uns kaum mächtig fühlen, zur Heilung von Einzelnen oder Gruppen beizutragen, so gilt doch Jesu Wort: »Heilt die Kranken!« Dabei muss es nicht um großartige, aufsehenerregende Taten gehen. Wir müssen nicht gleich Wunder vollbringen. Wir können im ganz Kleinen dazu beitragen, dass Krankheiten sich zurückziehen, seelische wie körperliche. Wir können einen kleinen Beitrag dazu leisten, dass die Welt ein Ort wird, an dem es weniger Leiden gibt. Was wir anderen in jedem Fall geben können, ist unser Mitgefühl, unsere *compassion*, wenn wir uns von ihrem Leid berühren lassen. Das kann bedeuten, den Kranken erst einmal wahrzunehmen, ihn zu besuchen, sich ihm zuzuwenden, ihm zuzuhören, ihn zu berühren - kleinste Gesten, die häufig größte Wirkung haben. Benedikt hat ein ganzes Kapitel der Pflege der Kranken gewidmet: »Die Sorge für die Kranken ist eine erste und höchste Pflicht«, schreibt er (RB 36,1). Wenn wir uns den Kranken zuwenden, dann handeln wir nicht nur anstelle von Christus, sondern auch an ihm. Denn er sagt: »Ich war krank und ihr habt mich besucht« (Matthäus 25,36).

Beten hilft

KAPITEL 27

Ich möchte auch berichten, was Benedikts Schüler Peregrinus immer wieder erzählt hat. Ein frommer Mann war eines Tages so in Schulden geraten, dass er keinen anderen Ausweg mehr sah, als zum Mann Gottes zu gehen und ihm zu sagen, welch große Schulden ihn belasteten. Er kam also zum Kloster, fand den Diener des allmächtigen Gottes und vertraute ihm an, dass er von seinem Gläubiger wegen

> des Betrags von zwölf Goldstücken hart bedrängt werde. Der ehrwürdige Vater antwortete ihm, er habe keine zwölf Goldstücke. Doch tröstete er ihn in seiner Notlage mit freundlichen Worten: »Geh und komm in zwei Tagen wieder! Denn heute kann ich dir nicht helfen.« In diesen zwei Tagen vertiefte sich Benedikt nach seiner Gewohnheit ins Gebet. Als der Mann, der wegen seiner Schulden in Not geraten war, am dritten Tag wiederkam, fand man unvermutet auf einem vollen Kornkasten des Klosters 13 Goldstücke. Der Mann Gottes ließ sie bringen, übergab sie dem Notleidenden und sagte zu ihm, er könne mit zwölf seine Schulden bezahlen und eines für seine persönlichen Ausgaben verwenden.

Wirtschaftliche Not kann einen um den Schlaf bringen. Wenn mir die Existenzgrundlage wegbricht, ist das eine schwere Bedrohung. Der Betrag, um den es hier geht, war sehr hoch für damalige Verhältnisse. Darum wendet sich der Mann in seiner Not an Benedikt. Er weiß, wenn er das Geld nicht herbeischafft, drohen ihm Gefängnis oder Sklaventum oder sogar der Tod. Und wieder geschieht ein Wunder – ist das nicht etwas zu einfach? Benedikt, der Wundermann! Wie Jesus kann er über das Wasser gehen, das Brot vermehren – und hier lässt er 13 Goldstücke auftauchen. Doch schauen wir uns die Geschichte im Detail an.

Wieder einmal macht Benedikt dem in Not Geratenen keine Vorwürfe. Gründe dafür hätte es vielleicht gegeben. Benedikt urteilt nicht. Er ist im Gegenteil seinem Mönchsberuf treu und bleibt zugewandt, freundlich, aber auch klar. Er tröstet den Mann und gibt ihm Hoffnung, ist aber auch ehrlich und nüchtern, indem er ihm sagt, dass er gerade nichts zu geben hat. Das erinnert an das Kapitel über den Cellerar in der Benediktsregel, in dem der Ordensvater dem Verwalter des Klosters anordnet, wenn der nichts geben könne, so solle er dem bittenden Mönch wenigstens ein gutes Wort sagen (vgl. RB 31,13–14). Benedikt kann also keine Wunder bewirken. Aber er kann beten, das ist auch eine Gabe für den Mann. Benedikt tut es »nach seiner Gewohnheit« (*more suo*). Für ihn ist es nichts Außergewöhnliches, zu beten. Er tut es zwei ganze Tage lang, quasi ununterbrochen, also sehr intensiv. Dass das Wunder am dritten Tag geschieht, ist sicherlich eine Anspielung darauf, dass auch Jesus in der Aussichtslosigkeit des Todes am dritten Tag das Licht der Auferstehung gesehen hat. Im ganzen Leben des Mönchs und des Christen geht es um die Angleichung an Jesus, der den Menschen in das Geheimnis Gottes, der aus dem Nichts alles schaffen kann, mit hineinnimmt. Und wieder einmal kommt die Güte des Mönchsvaters zum Vorschein: Er findet 13 Goldstücke vor, also eines mehr, als der Mann braucht, um seine Schulden zu bezahlen. Das soll für den Mann selbst sein. Dieser wird in der Geschichte als »fromm« oder »treu« (*fidelis*) bezeichnet. Vielleicht hatte er sein Geld verloren, weil er in seinem Leben zu großzügig gewesen war. Nun soll er großzügig zu sich selbst sein, meint Benedikt, weshalb er ihm das verbleibende Goldstück ebenfalls schenkt.

Die Geschichte lehrt zweierlei. Zum einen, dass wir uns trauen dürfen, um Hilfe zu bitten, wenn wir in Not sind. Der Mann ist demütig genug, sich zu Benedikt zu begeben. Oft machen wir unsere Not nur größer, indem wir sie mit niemandem teilen. Wir schämen uns vielleicht oder wir glauben, dass wir alles allein schaffen müssen. Dabei ist es bereits eine Hilfe, wenn jemand anderes um unser Problem weiß.

Dasselbe gilt auch für Gott. Wenn wir mit ihm unsere Not teilen, kann sich etwas bewegen. Wir sehen in der Episode, was geschehen kann, wenn wir das Gebet ernst nehmen. Es ist nicht einfach fromme Begleitmusik, sondern hilft wirklich. Es ist das Aufnehmen der Beziehung zu Gott. Genauso lebendig wie ich es bin, ist auch er. Ich darf mich an ihn wenden wie an einen guten Vater, so hat Jesus uns im Vaterunser gelehrt. Welcher Vater würde seinem Sohn einen Stein geben, wenn der um ein Brot bittet (vgl. Matthäus 7,9)? Auf dem Berg am See Genezareth sagte es Jesus deutlich: »Bittet, dann wird euch gegeben werden« (Matthäus 7,7). An anderer Stelle sagt er: »Gebt, dann wird auch euch gegeben werden! Ein gutes, volles, gehäuftes, überfließendes Maß wird man euch in den Schoß legen; denn nach dem Maß, mit dem ihr messt, wird auch euch zugemessen werden« (Lukas 6,38). So, wie hier eine Überzahl von Goldstücken auf dem »vollen« Kornkasten gefunden wurde. Wir sehen wieder einmal, dass die Benediktsvita eine »Vertonung« des Evangeliums ist, eine Beispielerzählung, an der man erkennen kann, wie christliches Leben gelingt. Hier spielt übrigens der Mönchsaspekt eine untergeordnete Rolle, denn das Wunder wird dem frommen Mann, der nicht im Kloster lebte, zuteil. Im Vordergrund steht aber, dass man vom Mönch lernen kann, zu beten. Beten ist die vornehmliche Aufgabe der Mönche: »Dem Gottesdienst werde nichts vorgezogen« (RB 43,3). Die Geschichte lädt dazu ein, das Gebet im Alltag zu »benutzen«. Immer wieder den Kontakt zu Gott aufzubauen, selbst in scheinbar banalen oder alltäglichen Situationen. Und erst recht in Notsituationen.

Eine unbegrenzte Energiequelle

KAPITEL 28, 29

Zur selben Zeit wurde Kampanien von einer schweren Hungersnot heimgesucht. Der Mann Gottes hatte alle Vorräte des Klosters an verschiedene Notleidende verteilt, sodass fast nichts in der Vorratskammer zurückgeblieben war, nur ein wenig Öl in einer Flasche. Da kam der Subdiakon Agapitus und bat inständig darum, man möge ihm etwas Öl geben. Der Mann Gottes war fest dazu entschlossen, auf Erden alles auszuteilen, damit alles aufbewahrt sei im Himmel. Darum befahl er, man solle die Bitte des Subdiakons erfüllen und auch den Rest des Öls geben, der noch übrig war. Der Mönch, der für die Vorratskammer zuständig war, hörte zwar den Auftrag, zögerte aber, ihn auszuführen.

Kurz darauf fragte Benedikt, ob er gegeben habe, was ihm befohlen war. Der Mönch antwortete, er habe es nicht gegeben; denn wenn er dies hergäbe, bliebe für die Brüder überhaupt nichts mehr. Da geriet Benedikt in Zorn und befahl anderen Brüdern, sie sollten jene Flasche, in der noch das wenige Öl war, zum Fenster hinauswerfen. Durch Ungehorsam sollte nichts im Kloster bleiben. So geschah es. Unter dem

Fenster war ein gewaltiger Abgrund mit Felsvorsprüngen. Die Flasche fiel auf die Felsen, blieb aber so unversehrt, als wäre sie überhaupt nicht hinabgeworfen worden. Sie zerbrach nicht, und das Öl war nicht verschüttet. Der Mann Gottes befahl nun, sie aufzuheben und unversehrt, wie sie war, dem Subdiakon zu geben. Anschließend ließ er die Brüder zusammenkommen und wies den ungehorsamen Mönch in Anwesenheit aller zurecht wegen seines Unglaubens und seines Stolzes.

Nach dieser Mahnung betete er zusammen mit den Brüdern. Dort, wo sie beteten, stand ein leeres Ölfass, das mit einem Deckel versehen war. Während der heilige Mann im Gebet verharrte, fing der Deckel dieses Fasses an, sich zu heben; denn das Fass hatte sich ganz mit Öl gefüllt. Der Deckel schob sich zur Seite, und das Öl ergoss sich über den Rand des Fasses und floss auf das Pflaster des Raumes, wo sie knieten. Als Benedikt, der Diener Gottes, das sah, beendete er sofort das Gebet; da hörte das Öl auf zu fließen.

Er ermahnte nun den glaubensschwachen und ungehorsamen Bruder eingehend, er solle lernen, Glauben und Demut zu haben. So wurde der Bruder heilsam zurechtgewiesen und schämte sich; denn der ehrwürdige Vater bezeugte durch Wunder die Kraft des allmächtigen Gottes, auf die er in der Ermahnung hingewiesen hatte. Jetzt konnte keiner mehr an den Verheißungen Gottes zweifeln, der in ein und demselben Augenblick für eine fast leere Flasche ein volles Fass Öl gegeben hatte.

Das benediktinische Leben ist bis heute so geregelt, dass ein Mönch keinen Eigenbesitz haben darf (vgl. RB 33). Alles, was er vielleicht einnimmt oder geschenkt bekommt, muss er abgeben und es gehört damit der ganzen Gemeinschaft. Wir nennen das Gütergemeinschaft, wie wir oben schon gesehen haben (vgl. Kap. 19). Diese Gebärde des Gebens setzt sich nach außen hin weiter fort. Das Kloster als Ganzes will nicht für sich selbst da sein. Was es erwirtschaftet hat, was es besitzt, soll den anderen Menschen dienen. Und so gibt Benedikt in der Hungersnot, die mit großer Wahrscheinlichkeit als historisch anzusehen ist, alles aus, was die Gemeinschaft selbst hat. Jeder vernünftig denkende Mensch würde jedoch fühlen wie der Ökonom in dieser

Episode. Wir würden uns die Haare raufen ob der geradezu naiven Selbstlosigkeit des heiligen Benedikt. Selbst die heute geltende christliche Soziallehre rechtfertigt moralisch selbstverständlich, dass man auch für sich selbst sorgen darf; man hat dazu sogar die Pflicht.

Die Geschichte fokussiert eigentlich auf eine Lektion in Gehorsamserfüllung. Unser Augenmerk bleibt aber doch an diesem Ölfläschchen und schließlich an dem überfließenden Ölfass hängen. Letzteres korrespondiert mit der übergroßzügigen Haltung Benedikts. Öl ist lebensnotwendig. Im italienischen Kontext gehört es zur täglichen Diät. Öl gibt Leben und Kraft. Öl ist Energie (nicht nur im Sinn als fossile Ressource). Wir können also die Geschichte auch so übersetzen, dass wir uns fragen, wie wir mit der Verknappung oder der Knappheit von Energie umgehen, ein Thema, das sich in den letzten Jahren mehr und mehr in unser Bewusstsein geschoben hat und uns noch sehr lange beschäftigen wird. Wo nehmen wir unsere Energie her? Wo nehmen wir sie in unserer Gesellschaft her und wo finden wir sie für unser persönliches Leben? Wo sind meine Ressourcen und was mache ich, wenn sie knapp werden? Sie scheinen offensichtlich begrenzt zu sein. Woher nehme ich meine Motivation zum Lieben, zum Leben und zum Arbeiten? Woraus ziehe ich meine Freude? »Gott, dein Gott, hat dich gesalbt mit dem Öl der Freude«, singt der Psalmist (Psalm 45,8).

Benedikt bevorzugt, sich darum keine Sorgen zu machen. Evangeliumsgemäß lebt er nach der Bergpredigt: »Macht euch also keine Sorgen und fragt nicht: Was sollen wir essen? Was sollen wir trinken?« (Matthäus 6,31). Stattdessen vertraut er auf Gott. Er ist seine »Energiequelle«. Was er mit seinen Mönchen hier erlebt, ist, dass Gott den Menschen nicht im Stich lässt, sondern für ihn sorgt. Um mit Gott, der unendlich großzügig ist, in Verbindung zu bleiben, ist es notwendig, selbst großzügig und nicht habgierig zu sein. Die Habgier ist ein Zeichen von fehlendem Vertrauen.

Man könnte das Öl hier als ein Bild für die Gnade und Kraft Gottes nehmen. In vielen Gesellschaften suchen wir heute nach Wegen zu einer Kreislaufwirtschaft, das heißt, wir streben danach, nachwachsende Rohstoffe zu nutzen und auf Energiequellen zurückzugreifen, die unerschöpflich zu sein scheinen, so wie Wind und Sonne. Christlich gesprochen ist aber auch die Natur begrenzt. Es ist nur Gott, der unbegrenzt ist, der die Natur geschaffen hat. Paulus sagt: »Das Übermaß der Kraft kommt von Gott und nicht von uns« (2 Korinther 4,7). Die Gnade Gottes ist wie das überfließende Ölfass, das immer genug zum Leben gibt. Sie verbraucht sich nicht. Deshalb bleibt das Fläschchen beim Aufprall auf den Felsen unversehrt. Diese Art von Öl läuft nicht aus. Die Art und Weise, wie der Mensch an diese Quelle herankommt, ist das Gebet. Solange Benedikt und seine Mönche beten, fließt das Fass über, sobald sie damit aufhören, stoppt der Fluss. Für den »Mönch in mir« geht es darum, immer mit Gott in lebendiger Verbindung zu bleiben, dessen Kraft, Liebe und Freude auf mich überströmt, ohne dass ich dafür etwas leisten müsste. Ich muss nur offen bleiben zu Gott hin und zu den Menschen, um den Strom durch mich hindurch auch zu den anderen fließen zu lassen. Denn diese Energie ist Gottes Geschenk und nicht mein Eigentum. Von außen betrachtet, scheint das alles verrückt, geradezu unvernünftig, für Benedikt und seine Mönche scheint es aber erlebte Realität gewesen zu sein. Und vielleicht auch für den einen oder anderen von uns. Die Unbegrenztheit der göttlichen Energie kann man nur im Glauben erfassen. Der fehlende Glaube war es, den Benedikt an dem Ökonom kritisierte. Dieser hatte vergessen, dass Gott in überfließendem Maß schenkt (vgl. Lukas 6,38).

Man ist nie gefeit

KAPITEL 30

> Als Benedikt sich eines Tages zum Oratorium des hl. Johannes begab, das auf der Höhe des Berges stand, begegnete ihm der Alte Feind in Gestalt eines Tierarztes, der ein Trinkhorn und eine Fußfessel bei sich trug. Benedikt fragte ihn: »Wohin gehst du?« Jener erwiderte: »Ich gehe zu den Brüdern, um ihnen einen Trank zu reichen.« Daraufhin ging der ehrwürdige Benedikt zum Gebet, kehrte aber anschließend sofort zurück. Der böse Geist hatte inzwischen einen älteren Mönch getroffen, der Wasser trank. Sogleich fuhr er in ihn, warf ihn zu Boden und quälte ihn heftig. Als der Mann Gottes bei der Rückkehr vom Gebet sah, dass dieser so grausam gequält wurde, gab er ihm lediglich einen Schlag auf die Wange. Damit vertrieb er den bösen Geist aus ihm, so dass dieser nicht wieder zu ihm zurückzukehren wagte.

Es verwundert, dass der Dämon hier in Form eines Tierarztes auftaucht. Einem Arzt vertraut man zunächst. Umso größer ist die Falle, der sich hier die Mönche gegenübersehen. In den »Dialogen« kann der »Alte Feinde«, der böse Geist, der Dämon, ganz unterschiedliche Formen annehmen. Er erscheint als schwarzer Vogel, schwarzer Knabe, Schlange, Drache oder Wegbegleiter (vgl. Kap. 2; 4; 33). Manchmal manifestiert er sich auch in Dingen: einem Tempel, im Wald, einem Felsen oder einem Feuer (vgl. Kap. 8; 9; 10). Zum einen bedeutet das für den Mönch, dass er sich nicht auf ein »Bild«, eine Erscheinung des Bösen fixieren kann und darf. Eine »Verteufelung« welcher Wesen, welcher Menschengruppe auch immer, ist nicht zulässig. Zum anderen bedeutet das, dass er immer wachsam bleiben muss.

Der Verursacher des Bösen ist nicht nur kreativ und sehr vielfältig, es gibt auch für die Opfer seines Angriffs keine Stereotypen. Hier ist das Opfer kein junger, unerfahrener und vielleicht naiver Mönch, sondern es trifft einen Alten. Ich selbst habe als junger Priester immer gedacht, dass sich vielleicht bestimmte Arten der Versuchung mit dem Alter legen. In einer Beichte gestand mir einmal ein Afrikamissionar, der annähernd achtzig Jahre alt war, dass er es ganz und gar nicht so erlebe. Die Versuchungen – er spielte auf sexuelle Versuchungen an – nähmen überhaupt nicht ab. Ein anderer Abt formulierte das einmal humorvoll: »Alte Hütten brennen besser.« Sicherlich, wir sind Menschen bis zum Ende. Das ist eigentlich etwas Tröstliches. Und gleichzeitig zeigt es, dass wir auch als alte Menschen nicht davor gefeit sind, Dummheiten zu begehen oder gar Unheil anzurichten, an uns selbst oder an anderen. Wir wünschen uns, dass wir mit dem Alter erfahren, weise und reif werden. Und doch schützt es vor Dummheit nicht, nicht vor Manipulation, Missbrauch oder Gewalt. Das sind keine Privilegien der Jugend. Der erste große Mönch und Wüstenvater Antonius (ca. 250–356) sagte, es sei das große Werk des Menschen, »dass er seine Sünde vor das Angesicht Gottes emporhalte, und dass er mit Versuchung rechne bis zum letzten Atemzug«. Je älter wir werden, desto schwieriger wird es vielleicht auch, uns zu verändern und wirklich umzukehren.

Benedikt ist auch in dieser Situation wieder losgelöst und souverän: Er hat keine Angst, diesem »Tierarzt« zu begegnen, sieht bereits von fern, dass Unheil geschieht, und löst die Situation. Der Backenstreich war zu seiner Zeit das Zeichen, mit dem ein Sklave aus der Knechtschaft entlassen wurde. Damit treibt er in diesem Fall den Dämon aus und befreit den alten Mönch. Der mit einer Fußfessel kam, hat nun keine Macht mehr über ihn.

Wie wir nun schon mehrfach in der Lebensbeschreibung Benedikts gesehen haben, gehört der Kampf gegen die Dämonen offenbar zum Mönchtum dazu. Es ist diese innere Reinigung, die er sich zur Aufgabe gemacht hat, die sich dann positiv auf andere auswirkt. Denn so überträgt er seine Unzufriedenheit, seine Bosheit, seine fehlende Balance nicht unbewusst oder bewusst auf andere.

Für uns mag es heute ungewöhnlich klingen, von Dämonen zu sprechen. Die Aufgabe aber, negative Dynamiken zu entlarven und sich ihnen entgegenzustellen, bleibt. Vom Mönchtum können wir dazu den

Mut nehmen. Der Auftrag, den Benedikt hier ernst nimmt, geht von Jesus aus, der seine Jünger aufgefordert hat: »Treibt Dämonen aus!« (Matthäus 10,8). Als das damals seinen Jüngern tatsächlich gelingt, sind sie selbst erstaunt: »Herr, sogar die Dämonen sind uns in deinem Namen untertan.« Jesus antwortet daraufhin: »Siehe, ich habe euch die Vollmacht gegeben (...) über die ganze Macht des Feindes« (Lukas 10,17.19). Als Menschen sind wir dem Bösen nicht machtlos ausgeliefert. Wir können etwas dagegen tun. Als Christen haben wir das Potenzial, uns im Namen Jesu gegen das Böse zu stellen und für das Gute einzutreten.

Wie Kontemplation die Welt verändert

KAPITEL 31

Ein Gote, der Zalla hieß, gehörte dem arianischen Irrglauben an. Zur Zeit des Gotenkönigs Totila wütete er mit unmenschlicher Grausamkeit gegen die gottgeweihten Männer der katholischen Kirche. Sooft ihm ein Kleriker oder Mönch unter die Augen kam, konnte er seinen Händen nicht lebend entrinnen. Eines Tages riss ihn die Glut der Habgier hin; auf der Jagd nach Beute folterte er grausam einen Bauern und misshandelte ihn mit ausgesuchten Peinigungen. Unter dem Druck der Qualen erklärte der Bauer, er habe seinen Besitz dem Diener Gottes Benedikt übergeben. Denn er hoffte, dass der Peiniger das glaubte und von der Grausamkeit abließe. So wollte er Zeit gewinnen, um am Leben zu bleiben.

Da hörte Zalla endlich auf, den Bauern zu foltern; er fesselte seine Arme mit festen Riemen und trieb ihn vor seinem Pferd her. Er solle ihm diesen Benedikt zeigen, der sein Eigentum erhalten habe. Mit gebundenen Armen ging der Bauer voran, führte ihn zum Kloster des heiligen Mannes und traf ihn dort an. Benedikt saß allein vor dem Eingang des Klosters und las. Der Bauer sagte zu Zalla, der ihm wütend folgte: »Siehe, da ist er, von dem ich gesprochen habe, der Vater Benedikt.« Wutentbrannt und in heilloser Verblendung blickte Zalla ihn an. Er glaubte wie immer, durch Einschüchterung sein Ziel zu erreichen. Mit lauter

Stimme schrie er: »Auf! Steh auf und gib her, was du von diesem Bauern bekommen hast!« Auf dieses Geschrei hin blickte der Mann Gottes sogleich von seiner Lesung auf, schaute ihn an und wurde auch auf den gefesselten Bauern aufmerksam. Kaum hatte er die Augen auf dessen Arme gerichtet, da fielen die Fesseln auf wunderbare Weise so schnell ab, wie Menschen sie so rasch nie hätten lösen können.

Der gebunden gekommen war, stand plötzlich befreit da; zitternd vor der Kraft solcher Vollmacht, stürzte Zalla zu Boden. Er ließ von seiner rohen Grausamkeit und beugte seinen Nacken; er warf sich Benedikt zu Füßen und empfahl sich seinem Gebet. Der heilige Mann aber erhob sich nicht von der Lesung, sondern rief Brüder und ließ ihn ins Kloster hineinführen, um ihm gesegnetes Brot anzubieten. Als er zu ihm zurückgebracht wurde, ermahnte er ihn, von seiner heillosen Grausamkeit abzulassen. Tief erschüttert ging Zalla fort und wagte nicht mehr, von dem Bauern etwas zu fordern, den der Mann Gottes nicht durch Berührung, sondern durch einen Blick befreit hatte.

Der historische Hintergrund dieser Geschichte ist die Völkerwanderung und die zeitweise Herrschaft der Ostgoten in Italien. Tatsächlich führten diese ein grausames Regiment, und unser Text strotzt vor Worten, die keinen Hehl aus dieser Bedrohung machen. Die Episode zeigt aber, wie sich ein Mönch in die Dinge der Welt einmischen und dabei zu Frieden und Gerechtigkeit beitragen kann. In seinem äußeren Kloster hat Benedikt sich von der Welt zurückgezogen. Und auch der »Mönch in mir« geht immer wieder in »seine Zelle«. Wie aber blickt er auf die vielen Dinge in der Welt, die schieflaufen, in der Ungerechtigkeit zum Himmel schreit, in der Unfrieden herrscht? Lässt ihn das alles kalt? Kann er überhaupt an all dem etwas ändern – als Mönch?

Zu der folgenden Interpretation hat mich einmal Benediktinerabt Jeremy Driscoll inspiriert. In der Geschichte setzt der arme Bauer seine Hoffnung auf den Mönch Benedikt. In seiner Not lügt er und sagt, sein Besitz sei beim Mann Gottes. Wenn wir den inneren Mönchsweg gehen, können auch wir dahin kommen, dass Menschen ihre Hoffnung auf uns setzen, dass sie auf uns schauen oder uns geradezu benutzen, um in ihrer Ausweglosigkeit neue Hoffnung zu schöpfen. Bemerkenswert ist hier die Reaktion Benedikts. Er reagiert nämlich zunächst überhaupt nicht. Da kommt der grausame Gote Zalla auf ihn zu, hoch oben auf seinem Ross, schnaubend, laut, fordernd. »Auf, auf!« Er ist es gewohnt, dass Untertanen sofort aufspringen und ihm seinen Willen tun. Benedikt dagegen reagiert anders, als Zalla es erwartet, er folgt nicht den Machtmechanismen oder den Einschüchterungsdynamiken der Welt. Er steht nicht auf, sondern bleibt sitzen.

Das ist bereits ein erstes Bild, das uns helfen kann. Oft ruft die Welt ums uns herum: »Auf, auf!« Hier ist ein Problem, dort eine Gefahr, beweg dich, verändere dich! Wenn wir die Medien verfolgen, dann scheinen sie uns ständig zuzurufen, dass wir etwas tun oder lassen oder verändern müssen. Benedikt geht darauf nicht ein. Er folgt der Welt nicht. Durch den Prozess des Sich-Loslösens ist er nicht mehr an die Welt gebunden, sondern frei. Er reagiert, wie er will oder wie Gott in ihm es will. Haben wir den »Mönch in uns« entwickelt, können wir anders auf das reagieren, was um uns herum vor sich geht. Wir sind frei. Das ist ein großer Vorteil - und er hilft uns im Endeffekt, angemessen zu reagieren statt oberflächlichen, vielleicht hysterischen Erwartungen zu entsprechen.

Wichtig ist zu beachten, wo sich Benedikt befindet. Er sitzt am Eingang es Klosters. Er ist weder ganz im Kloster, zurückgezogen in seiner Zelle, noch draußen irgendwo in der Welt. Er befindet sich exakt auf der Schwelle zwischen Kloster und Welt. Dort ist der Platz des Mönchs. Er ist dort ganz Mönch, denn er ist »allein« (*solum*), wie der Text sagt, eben *monachos*. Der Vorteil dieser Position? Wäre er abgeschottet in seiner Zelle, würde er nicht in Kontakt sein mit dem, was in der Welt vor sich geht. Das ist mit Mönchtum nicht gemeint. Wäre er hingegen draußen in der Welt, bestünde die Gefahr, dass er sich von ihr aufsaugen und vereinnahmen lässt und nicht mehr frei handeln kann.

Benedikt sitzt also dort auf der Schwelle und liest. Wir dürfen davon ausgehen, dass es die Heilige Schrift, also die Bibel ist, die er vor sich hat, denn das verstand er unter *lectio*: das Lesen der Bibel. Er ist dort an der Schwelle also in die *lectio divina*, in die »göttliche Lesung« vertieft. Er lässt sich von Zalla zwar stören und unterbrechen, aber er steht nicht auf. Als er aufschaut, fallen die Stricke von dem Bauern ab, Zalla fällt zu Boden und bekehrt sich - die Lösung der gesamten Unheils- und Ungerechtigkeitssituation geschieht in nur wenigen Sekunden. Wie konnte das sein? Wie konnten diese Wunder geschehen? Bedenken wir, worin Benedikt vertieft war. Er hatte seine Augen auf Jesus Christus gerichtet, über den er gerade las. In der Antike galten die Augen als eine Art Spiegel. In seinen Augen bildete sich also Jesus ab. Als er nun aufblickt, ist sein Blick voll von Jesus. Es ist daher schließlich Jesus selbst, der diese tragische Situation erblickt. Es ist Jesus, der durch Benedikt handelt. Mit Jesus im Blick löst der die Situation.

Benedikt ist beim Bibellesen in der Kontemplation. Er »betrachtet« die göttlichen Dinge - Kontemplation heißt übersetzt »Betrachtung«. Mit der Hilfe und der Kraft der Kontemplation also heilt er tatsächlich die Dinge, die draußen in der Welt falsch laufen. Er muss dazu das Kloster nicht verlassen und sich in Aktivismus verlieren oder als Friedensstifter aufspielen. Er muss nur das tun, was seine Berufung ist: aus dem Glauben heraus das Leben Jesu betrachten. Das befähigt ihn, einen positiven Beitrag für die Welt zu leisten. Durch den Blick allein befreit er den Bauern und bekehrt Zalla. Er muss dabei noch nicht einmal irgendwen berühren.

Die Schwelle ist so sehr Benedikts Ort für seine Aktion und Kontemplation, dass er von dort auch nach der Heilung der Situation nicht weggeht. Man könnte denken, dass er - erfreut über die Befreiung einerseits und die Bekehrung andererseits - nun ins Kloster zu seinen Brüdern geht, etwas auftischt und feiert. Weil der Blick auf Jesus für ihn wichtiger ist, bleibt er am Eingang sitzen und liest weiter - während er seinen Mönchen aufträgt, sich um das leibliche Wohl der beiden zu sorgen. Die Prioritäten sind klar.

Für den »Mönch in uns« geht es darum, »auf der Schwelle« zu bleiben, uns also nicht ganz zurückzuziehen und uns nicht ganz einzumischen, dabei klare Prioritäten zu haben, die jenseits der konkreten Lösung liegen. Wenn wir auf eine Situation schauen, ist entscheidend, was wir gerade davor angeschaut haben, wovon unsere Augen sozusagen voll sind, wovon unser Herz voll ist. Ist es voller Angst, voller Sorge oder voller Neugier, voller Stolz? Wenn wir unsere Augen immer wieder auf das Wesentliche richten, wenn wir unsere Augen in der Kontemplation in das Leben Jesu Christi versenken, kann dieser durch uns Wunder wirken.

Der Mönch in mir könnte sich die Frage stellen, wo ein guter Ort für ihn sein könnte. Wo ist meine »Schwelle«, wo kann ich am besten Gottes Wort lesen und hören? Und wie ist die Balance in meinem Leben zwischen »drinnen« und »draußen«? Als eher introvertierter Mensch könnte ich mich fragen: Wie finde ich nach draußen? Als Extrovertierter: Wie finde ich nach innen? Mit dem »Mönch in mir« bin ich in jedem Fall dazu gerufen, wie Benedikt auf meine Umwelt einen guten, heilenden Einfluss zu haben.

Demut macht lebendig

KAPITEL 32

Eines Tages war Benedikt mit den Brüdern zur Feldarbeit hinausgegangen. Da kam ein Bauer zum Kloster und trug seinen toten Sohn auf den Armen. Von Trauer über den Verlust aufgewühlt, fragte er nach dem Vater Benedikt. Als man ihm sagte, er sei mit den Brüdern auf dem Feld, legte er den Leichnam seines Sohnes vor den Eingang des Klosters, und von Schmerz verstört, stürzte er davon, um den ehrwürdigen Vater zu suchen.

Zur selben Stunde war der Mann Gottes mit den Brüdern schon auf dem Heimweg von der Feldarbeit. Sobald der Bauer, der seinen Sohn verloren hatte, ihn sah, schrie er: »Gib mir meinen Sohn zurück, gib mir meinen Sohn zurück!« Bei diesem Aufschrei blieb der Mann Gottes stehen und sagte: »Habe denn ich dir deinen Sohn genommen?« Jener erwiderte ihm: »Er ist tot! Komm, mach ihn wieder lebendig!« Als der Diener Gottes dies hörte, wurde er sehr traurig und sagte: »Geht, liebe Leute, geht! Das ist nichts für uns, sondern für die heiligen Apostel. Warum wollt ihr uns Lasten aufbürden, die wir nicht tragen können?«

Heftiger Schmerz aber drängte den Bauern, sodass er nicht von seiner Bitte abließ; er beteuerte, erst dann fortzugehen, wenn Benedikt seinen Sohn wieder lebendig gemacht habe. Da fragte ihn der Diener Gottes: »Wo ist er?« Jener antwortete: »Sein Leib liegt vor dem Eingang des Klosters.« Als der Mann Gottes mit den Brüdern dort angekommen war, kniete er nieder und legte sich über den kleinen Leib des Kindes; dann richtete er sich auf, erhob die Hände zum Himmel und betete: »Herr, schau nicht auf meine Sünden, sondern auf den Glauben dieses Mannes, der darum bittet, dass sein Sohn auferweckt werde, und gib diesem kleinen Leib die Seele zurück, die du ihm genommen hast.« Kaum hatte er das Gebet beendet, da kam das Leben zurück und der kleine Knabe begann am ganzen Leib zu beben. Alle Anwesenden sahen mit eigenen Augen, wie er auf wunderbare Weise sich regte und bewegte. Sogleich fasste Benedikt den Knaben an der Hand und gab ihn seinem Vater lebend und gesund zurück.

Das Kapitel strotzt vor Anspielungen auf die Heilige Schrift: die Heilungen durch Petrus (Apostelgeschichte 9,38) und Paulus (Apostelgeschichte 20,10), die Heilung des jungen Mannes von Nain (Lukas 7,11-17) und die Geschichte von der hartnäckigen Witwe (Lukas 18,1-8). Das Leben Benedikts gleicht sich mehr und mehr an das Leben der Menschen an, die Jesus zu seiner Zeit umgaben, es wird evangelisch. Das ist eine Frucht der andauernden Kontemplation und Betrachtung des Lebens Jesu.

Auffällig ist an diesem Punkt, also gegen Ende seines Wirkens, die Demut, die Benedikt lebt. Obwohl mit so viel Erfahrung ausgestattet, obwohl erfüllt mit so viel Liebe und Sinn für Friede und Gerechtigkeit und die Nähe Gottes immer spürend, bildet er sich nichts darauf ein. Die Demut Benedikts zeigt sich bereits darin, dass er selbst draußen auf dem Feld ist und mit seinen Mönchen arbeitet. Sie zeigt sich darin, dass er es nicht als seine Kompetenz ansieht, jemanden von den Toten zu erwecken. Er verweist auf die Apostel, denen er größere Autorität zuschreibt, und will den Vater wieder fortschicken. Es gehört Demut dazu, zugeben zu können, dass man etwas nicht vollbringen oder bewältigen kann. Gerade in den Kirchen sind wir oft voller Großzügigkeit, kennen aber unsere Grenzen nicht. Benedikt kennt sie.

Demut ist eine der monastischen Haupttugenden, denen er ein ganzes Kapitel gleich zu Beginn seiner Regel widmet (RB 7). Irgendwie scheint ihm die Anfrage des Vaters auch eine Last zu sein - hier kann er nun wirklich nicht helfen. Ein gewisser Widerwille ist spürbar. Aber Benedikt ist auch traurig darüber, dass er nicht helfen kann. Den größeren Glauben hat in diesem Fall der Vater des verstorbenen Kindes, nicht Benedikt selbst. Denn der ist hartnäckig. Das Wunder geschieht wieder einmal auf der Schwelle, am Eingang des Klosters. Der Ort, an dem die Grausamkeit des Zalla überwunden wurde, ist auch der Ort, an dem der Knabe dem grausamen Tod entrissen wird.

Was Benedikt dann tut, ist nichts Außergewöhnliches: beten. Aber er tut es mit großer Intensität und großem Einsatz. Er legt sich dabei mit seinem Körper auf den Körper des Kindes. Er weiß, dass er nicht der Herr über Leben und Tod ist; jemand anderes ist verantwortlich, und den fleht er jetzt an. Er beginnt das Gebet demütig, Gott an seine eigenen Sünden erinnernd. Man hätte bis zu diesem Punkt der *Vita* vor lauter Wundertaten fast vergessen können, dass Benedikt natürlich weiterhin gesündigt hat und ein Sünder geblieben war. Er selbst erinnert die Zuhörer hier daran. Dann vermittelt er nur: »Sieh auf den Glauben des Vaters.« Eine echte priesterliche Tat: Er macht sich zum Fürsprecher. Mit dem Gebet kommt auch unmittelbar das Leben für das kleine Kind zurück. Wie schon oft in der Lebensbeschreibung gesehen, handelt Gott schnell, wenn er zum Handeln gerufen ist. Wie über und durch seinen eigenen Körper kommt das Leben in den Knaben zurück.

Wir haben hier den Höhepunkt aller Wunder vor uns, die Benedikt in seinem Leben wirkt: Durch sein Gebet wird ein Mensch von den Toten erweckt. Er folgt damit Jesu Aufforderung »Weckt Tote auf« (Matthäus 10,8). Es wird das letzte Wunder vor seinem eigenen Tod sein. In seinem Tod wird auf radikale Weise deutlich, dass Benedikt nun seelisch und körperlich wie ein leeres Gefäß geworden ist, das sich von Gott füllen lässt; dass er sich so gänzlich an ihn hingibt, dass er ein vollkommenes Werkzeug geworden ist, durch das Gottes heilende Kraft wirkt; dass sich in ihm das unvergängliche Leben so sehr ausgebreitet hat, dass durch ihn sogar Tote auferstehen. Er empfängt dieses unvergängliche Leben und gibt es weiter – er empfängt den Sohn lebend und gibt ihm seinem Vater zurück. Es bewahrheitet sich, was Paulus im Korintherbrief sagt: »Viel lieber will ich mich meiner Schwachheit rühmen, damit die Kraft Christi (*virtus Christi*) auf mich herabkommt« (2 Korinther 12,9).

Wir staunen über diese Geschichte. Aber wir können davon lernen, dass wir uns nicht entziehen müssen, vielleicht sogar nicht entziehen dürfen, wenn wir darum gebeten werden, das Leben zu schützen, es weiterzugeben oder es dort wiederzubringen, wo es verloren gegangen ist. Der Ort, an dem das geschehen kann, ist die »Schwelle« zwischen dem Kloster, dem »Mönch in uns« und der Welt. Das Mittel ist das Gebet, in das man sich Tag für Tag, Monat für Monat, Jahr für Jahr einüben kann, um so offen zu werden für das Wirken Gottes. Und es ist unser ganzer Einsatz gefordert, mit Leib und Seele, nach dem Motto: »Handle, als hinge alles von dir ab, bete, als hinge alles von Gott ab.«

Die Liebe ist stärker

KAPITEL 33

> Benedikts Schwester Scholastika war von Kindheit an dem allmächtigen Gott geweiht. Sie war gewohnt, ihren Bruder einmal im Jahr zu besuchen. Der Mann Gottes ging jedes Mal zu ihr hinunter zu einem Gut des Klosters, das nicht weit entfernt lag. Eines Tages kam sie wie üblich, und ihr ehrwürdiger Bruder stieg mit einigen Jüngern zu ihr hinab. Sie verbrachten den ganzen Tag im Lob Gottes und im

geistlichen Gespräch. Bei Einbruch der Dunkelheit hielten sie miteinander Mahl. Während sie noch am Tisch saßen und ihr geistliches Gespräch fortsetzten, wurde es spät. Da flehte die gottgeweihte Frau, seine Schwester, ihn an: »Ich bitte dich, lass mich diese Nacht nicht allein, damit wir noch bis zum Morgen von den Freuden des himmlischen Lebens sprechen können.« Er antwortete ihr: »Was sagst du da, Schwester? Ich kann auf keinen Fall außerhalb des Klosters bleiben.« Es war so heiteres Wetter, dass sich keine Wolke am Himmel zeigte. Sobald aber die gottgeweihte Frau die Weigerung ihres Bruders hörte, fügte sie die Finger ineinander, legte ihre Hände auf den Tisch und ließ ihr Haupt auf die Hände sinken, um den allmächtigen Gott anzuflehen. Als sie dann das Haupt vom Tisch erhob, blitzte und donnerte es so stark und ein so gewaltiger Wolkenbruch ging nieder, dass weder der heilige Benedikt noch die Brüder in seiner Begleitung einen Fuß über die Schwelle des Hauses setzen konnten, in dem sie beisammen waren. Die gottgeweihte Frau hatte nämlich ihr Haupt auf die Hände gesenkt und Ströme von Tränen auf den Tisch vergossen. Dadurch erreichte sie, dass es aus heiterem Himmel zu regnen begann. Diese Regenflut folgte nicht erst nach dem Gebet, sondern Gebet und Regen trafen so zusammen, dass es schon donnerte, als sie das Haupt vom Tisch erhob. Im gleichen Augenblick erhob sie das Haupt, und der Regen strömte nieder.

Der Mann Gottes sah nun ein, dass er bei Blitz, Donner und dem gewaltigen Wolkenbruch nicht zum Kloster zurückkehren konnte. Da wurde er traurig und klagte: »Der allmächtige Gott vergebe dir, Schwester! Was hast du da getan?« Sie erwiderte ihm: »Siehe, ich habe dich gebeten, und du hast mich nicht erhört; da habe ich meinen Herrn gebeten, und er hat mich erhört. Geh nur, wenn du kannst. Verlass mich und kehre zum Kloster zurück!« Da er das Haus nicht verlassen konnte, blieb er gegen seinen Willen, nachdem er freiwillig nicht hatte bleiben wollen. So konnten sie die ganze Nacht durchwachen, in heiligen Gesprächen ihre Erfahrungen über das geistliche Leben austauschen und sich gegenseitig stärken.

Deshalb habe ich gesagt, er habe etwas gewollt und es doch nicht vermocht. Wenn wir auf die Vorstellungen des heiligen Mannes schauen, so besteht kein Zweifel, dass er gewünscht hat, das heitere Wetter möge so bleiben, wie es bei seinem Kommen gewesen war. Ganz gegen seinen Willen stand er vor einem Wunder, das die Kraft des allmächtigen Gottes nach dem Herzenswunsch einer Frau gewirkt hatte. Es ist nicht zu verwundern, dass die Frau, die ihren Bruder länger zu sehen wünschte, in diesem Augenblick mehr vermochte als jener. Nach einem Wort des Johannes ist Gott die Liebe [vgl. 1 Johannes 4,8.16]; So ist es ganz richtig: Jene vermochte mehr, weil sie mehr liebte.

Der Geschichte geht ein Dialog zwischen Gregor und seinem fiktivem Gesprächspartner Petrus voraus, in dem der Diakon fragt, ob denn Benedikt wirklich alles vollbringen konnte, was er wollte. Der junge Mann muss sehr beeindruckt gewesen sein nach all den Wundern und wunderbaren Taten, die er von dem heiligen Mann gehört hat. Als wolle Gregor unsere Theorie vom Vorbild, das nicht perfekt ist, bestätigten, erzählt er zum Schluss der *Vita* diese Geschichte. Nein, Benedikt konnte nicht alles, was er wollte. Weil es auf die Liebe ankommt und nicht auf den Willen. Weil es auf die Liebe ankommt und nicht auf die Regeln. Und seine Liebe war durchaus fehlbar, wie die Liebe jedes Menschen nicht vollkommen ist. Bei aller Gelassenheit, die Benedikt in seinem Leben gelernt hatte, war er doch ein Mann mit Prinzipien geworden. Die Nachtruhe im Kloster war heilig und durfte nicht angetastet werden. Er sah sich selbst als Vorbild für seine Brüder und wollte diesen mit seiner Präsenz dienen. So kam es für ihn nicht infrage, über Nacht von der Gemeinschaft wegzubleiben.

Und dann ist da Scholastika, eine Frau, die mit dem »Flow« des Abends gehen will, Prinzipien hin oder her. Weil sie der Situation damit gerechter wird, gewährt Gott ihr dieses Mal das Wunder. Sie weint - und schon regnet und donnert es draußen, sodass Benedikt den Raum nicht mehr verlassen kann. »Geh nur, wenn du kannst«, sagt seine Schwester. Ob sie dabei etwas schnippisch geblickt hat, wie es ihr berühmtes Portrait in der Grotte von Subiaco suggeriert? Ihre schwesterliche Offenheit und ihr Charme jedenfalls waren unschlagbar. Nach all den Tugenden, die Benedikt vorlebt - das lateinische Wort für »Tugend« ist *virtus*, das etymologisch von *vir*, »der Mann«, abstammt -, rückt Gregor gegen Ende der Lebensbeschreibung eine

Frau in den Mittelpunkt und lässt Benedikt noch einmal wie in vielen Geschichten zuvor scheitern. Aber dieses Scheitern ist wiederum eine Etappe auf dem Weg seiner Reifung.

Die Geschichte von Benedikt und Scholastika ist wohl eine der populärsten in der Benediktsvita. Sie ist stark, vibrierend und aufgeladen. Und sicherlich kann man sie in verschiedener Weise interpretieren. Drei mögliche Aspekte kommen mir in den Sinn.

Zum einen richtet die Geschichte den Blick auf eine Frau. Es ist das erste Mal überhaupt, dass Gregor sie erwähnt. Allerdings spricht er davon, dass sich Benedikt mit ihr regelmäßig getroffen habe. Für heutige Ohren klingt auch das Verhältnis der Geschlechter an, das neu reflektiert wird und sich ordnet. Es geht um Macht. Benedikt kann nicht »machen«, was er will, Scholastika hat den stärkeren Einfluss und setzt sich durch. Sie hat als Frau eine Stimme und bringt diese ins Spiel, weil sie sich nicht gesehen und nicht gehört fühlt und darum aktiv wird – umso deutlicher vernehmbar durch Blitz und Donner. Es geht darum, dass sie die bessere Wahrnehmung der Situation hat, die intensivere Verbindung zur Natur und den »besseren Draht nach oben«. Sie möchte auf Augenhöhe mit dem Mann sein, will Zusammensein und Beziehung, der Mann Benedikt hingegen will sich an diesem Abend von ihr trennen. Sie möchte aber gemeinsam mit ihm entscheiden, was geschieht. Und damit weckt sie den Unmut Benedikts. Er muss sich in dieser Situation noch einmal völlig lösen, dieses Mal von seiner Vorstellung, wie Mann und Frau zusammenwirken oder sogar, wie sie einander über- und untergeordnet sind. Scholastika ist kurz vor ihrem Tod, sie ist eine reife Frau. Es geht ihr nicht darum, gegen Benedikt zu kämpfen, sie will ja bei ihm bleiben. Es handelt sich eher um einen Interessenskonflikt. Beide wollen Verschiedenes, obwohl sie sich lieben, vielleicht sogar, weil sie sich lieben. Und sie tragen diesen Konflikt aus. Scholastika aber, so Gregor, hat die größere Liebe – zu sich selbst, zu Benedikt, zu Gott – und daher ist sie mächtiger. Ein Machtkampf zwischen Männern und Frauen ist unfruchtbar, egal, von welcher Seite er ausgeht. Gregors Botschaft ist, dass im Letzten derjenige mehr Macht hat, der mehr liebt. Jede Art von Macht und Einfluss, auf welche Art sie auch immer ausgeübt werden, ob formal oder charismatisch, haben der Liebe zu dienen.

Ein zweiter Gedanke zu dieser Geschichte: Wer ist diese Frau, Scholastika, eigentlich? Die Historie weiß nichts über sie, wenngleich viele Mönche und Heilige Schwestern hatten, die bekannt waren, zum Beispiel die Schwestern von Antonius, Pachomius, Basilius, Ambrosius und Caesarius. Wenn man die Geschichte narrativ analysiert und nicht historisch, kann man zu einem erstaunlichen Schluss kommen, der in der Forschung allerdings nur selten vertreten wird (vgl. aber Jan Kracik): Das große Thema der Episode ist die Liebe. Da ist eine Frau, und da ist ein Mann. Sie sind zusammen in einem Raum in vertrautem Zusammensein. Es ist Abend. Es wird Nacht. Und die Frage steht im Raum: »Bleibst du bei mir heute Nacht?« Es wäre durchaus denkbar, dass es sich bei Scholastika nicht um Benedikts Schwester gehandelt hat, sondern um eine gute Freundin. Wir kennen in der Kirchengeschichte zahlreiche heilige Männer und heilige Frauen, die sich gegenseitig auf ihrem geistlichen Weg befruchtet haben und sich sehr nahe waren. Ich denke an Franziskus und Klara, Franz von Sales und Johanna Franziska von Chantal, Teresa von Ávila und Johannes vom Kreuz, Karl Rahner und Luise Rinser und viele andere. Es ist vorstellbar, dass Gregor die Geschichte »entschärfen« wollte, um keine Missverständnisse aufkommen zu lassen, indem er Scholastika zur Schwester Benedikts machte. Zudem gab er ihr einen programmatischen Namen: »Scholastika« bedeutet so viel wie »die Gelehrte«. Sie war diejenige, die Benedikt »eine Lektion« erteilt. Schließlich lässt Gregor zur Sicherheit auch noch ein paar Brüder anwesend sein. Auch wenn diese Interpretation weder zwingend noch nötig ist, hilft sie doch, auf die Intention der Geschichte hinzuweisen. Was ist Liebe? Was ist in der jeweiligen Situation die größere Liebe? Wie antworte ich darauf, wenn sie mir angeboten wird? Lassen sich erotische Liebe und geistliche Liebe voneinander trennen? Sicherlich hatte Benedikt die Tradition hinter sich, die

die Begegnung von Mönchen und Frauen ausschloss. Und doch ist es möglich, dass Benedikt nicht nur aus Prinzipientreue, sondern auch aus etwas wie Furcht heraus ablehnend reagiert hat. Die Geschichte lehrt ihn aber, der Einladung der Liebe zu folgen und dabei keine Angst zu haben. Man erfüllt den Willen Gottes dadurch eher.

Schließlich kann man die Geschichte noch unter einem weiteren typologischen Blickwinkel lesen. Benedikt steigt zur Unterhaltung mit Scholastika »herab« (*descendebat*), wie der Text sagt. Das könnte eine historische Reminiszenz sein, da das Kloster Benedikts auf dem Berg, das von Scholastika aber am Fuß des Berges oder auf halber Höhe gelegen war. Seit der Antike kennt man sogenannte Doppelklöster, in denen mit einem gewissen Abstand Männer und Frauen wohnten. Wir haben aber bereits gesehen, wie metaphorisch aufgeladen Gregors Schilderungen sind.

Da ist Benedikt auf der einen Seite, der einen starken Willen hat, denn wie sonst hätte er so konsequent seinen Weg gehen können? Er lässt sich von dem leiten, was Gott ihm vorgibt, und er hält sich daran. Er ist ein Mann mit Prinzipien und Idealen. Auf der anderen Seite ist Scholastika. Sie könnte für die Realität stehen. Man könnte die Geschichte auch überschreiben mit: »Ideal trifft Realität«. Erst dann wird es interessant. Denn Ideale hängen sozusagen im Himmel, wie sie sich aber auf der Erde realisieren, ist entscheidend.

Heute haben wir oft diese zwei entgegengesetzten Zugangsweisen, die kaum vereinbar scheinen. Da sind die Pragmatiker. Sie wollen, dass man zum Beispiel auch in ethischen Fragen mit der Zeit geht. Sie sehen nichts als immerwährend, nicht als für immer gesetzt an und nehmen das Faktische als die Norm. Auf der anderen Seite gibt es die Konservativen, die an Idealen festhalten, ungeachtet, wie sie heute in die Landschaft passen. Ich meine, beide haben recht. Aber nur dann, wenn sie sich nicht aus dem Weg gehen, sondern sich der Begegnung stellen. Eine solche kann fruchtbar und erbaulich sein wie in Benedikts und Scholastikas Fall, aber auch Konflikte zu Tage bringen, wie sie ebenso zwischen den beiden sichtbar werden. Nach dem kleinen Donnerwetter ging es aber gut weiter.

Die Geschichte schränkt in gewisser Weise die Seite des Ideals ein. Die Liebe ist wichtiger als das Gesetz. Die Realität will geliebt werden und nicht das Ideal. Auch wenn Benedikt so dasteht, als würde er hier unterliegen, geht es, glaube ich, nicht um Sieg oder Niederlage, sondern darum zu zeigen, dass die Auseinandersetzung wichtig ist. Es geht darum, dass man zusammenbleibt. Denn ohne einander geht es nicht: Realität braucht Prinzipien und umgekehrt. Wenn man Benedikts Leben anschaut, dann sieht man, dass sich seine Ideale genau daran herausgebildet haben, wie er sie in seiner ganz konkreten Situation erfahren hat. Er hat keine Erfahrung übersprungen, sondern sich allen gestellt. Es hat beides reifen lassen: sein Festhalten an dem unveränderlichen Gott und seine Liebe zu sich, zu den Menschen und zu dieser Erde. Wenn die Kirche heute den Menschen in ihrer Lebensführung Orientierung geben will, dann kann sie es nur so. Sie muss vom Berg herunter und in die Begegnung. Wenn sie nicht vom Berg kommt, hat sie nichts zu sagen. Wenn sie auf dem Berg bleibt, bleibt sie isoliert. Sie muss herabsteigen und die größere Liebe zu den Menschen und zu Gott suchen. Dann wird etwas dabei herauskommen, das beide Seiten überrascht.

Für Christen ist Gott mehr als ein Ideal. Zu ihm kann ich eine lebendige Beziehung aufbauen. Die Beziehung von Gott zu den Menschen besteht von Anfang an, ohne sie gäbe es den Menschen nicht. Also geht es darum, die »Ideen« von Gott loszulassen, die Bilder, die wir uns von ihm gemacht haben, um dem lebendigen Gott zu begegnen. Ohne Bilder aber geht es eben auch nicht, wir haben immer Bilder vor uns und nur ganz selten die unmittelbare Gotteserfahrung. Es ist die Begegnung, die Benedikt und Scholastika geholfen hat, eine Gotteserfahrung zu machen. Die Nähe zwischen den Menschen kann die Nähe zu Gott hervorrufen. Und die Nähe zu Gott hilft, dass die Menschen sich näherkommen.

Im Blick auf die Geschichte mit Benedikt und Scholastika kann ich mir oder kann sich der »Mönch in mir« folgende Fragen stellen:

- Wen liebe ich in meinem Leben besonders, vielleicht sogar am meisten?
- Was bin ich bereit, für meine Liebe aufzugeben?
- Habe ich mit der Realität abgeglichen, dass das, was ich als Ausdruck meiner Liebe bislang ansehe, wirklich so von der anderen Seite gewollt wird?
- Handle ich aus Pflicht oder aus Liebe?
- Handle ich aus Machtinstinkt oder aus Liebe?

Für immer innig verbunden

KAPITEL 34

> Am nächsten Tag kehrte die ehrwürdige Frau wieder in ihre eigene Zelle zurück und auch der Mann Gottes ging heim in sein Kloster. Drei Tage darauf stand er in seiner Zelle. Er erhob die Augen zum Himmel, da sah er die Seele seiner Schwester, die aus dem Leib geschieden war, in Gestalt einer Taube [vgl. Lukas 3,22] zum Himmel aufsteigen und in die Vollendung eingehen. Er freute sich über ihre so große Herrlichkeit, dankte dem allmächtigen Gott mit Hymnen und Lobliedern und teilte den Brüdern ihren Tod mit. Sogleich schickte er Brüder hin, die ihren Leichnam ins Kloster bringen und in dasselbe Grab legen sollten, das er für sich vorbereitet hatte. So traf es sich: Selbst das Grab konnte ihre Leiber nicht trennen, war doch ihr Geist immer in Gott eins gewesen.

Dieses Kapitel macht das vorherige noch verständlicher. Es war tatsächlich die letzte Begegnung zwischen Benedikt und Scholastika gewesen. Scholastika stand kurz vor ihrem Tod. Wie Jesus vor seinem Tod wollte auch sie mit dem geliebten Angehörigen zusammen sein, so intensiv wie möglich. Wie gut, dass Benedikt ihr gefolgt ist. Denn es spricht großer Friede aus dieser Szene: Mit der Leichtigkeit einer

Taube steigt die Seele Scholastikas zum Himmel auf. Und Benedikt sieht es, er ist dabei. Es ist ein geheimnisvolles Dahinscheiden, wie der lateinische Text nahelegt: *Caeli secreta penetrare*, Scholastika durchdringt die Geheimnisse des Himmels, sie ist spirituell vollendet. Ihre sterblichen Überreste werden in das Grab gelegt, in dem auch Benedikt selbst sehr bald beigesetzt wird. Die geistige Nähe der beiden hatte schon auf Erden mit der leiblichen korrespondiert; diese Nähe setzt sich im Tod fort.

Die Losgelöstheit, die Benedikt auf seinem Weg »erworben« hat, lässt ihn das Sterben und den Tod seiner Schwester schauen. Die Verbundenheit ist nach wie vor da, auch im Tod, darauf deutet das gemeinsame Grab hin. Liebe und Glaube überdauern. Ehepaare sind oft über den Tod hinaus intensiv miteinander verbunden. Sie tragen den Ring des verstorbenen Partners, »reden« manchmal noch miteinander, freuen sich auf ein Wiedersehen. Auch wenn die Präsenz und die Erinnerung mit der Zeit schwächer werden, bleibt ein wesentliches Gefühl der Verbundenheit, eben die Liebe. Man hört heute oft bei Beerdigungen, dass der Verstorbene in der Erinnerung der Angehörigen weiterlebe. Dagegen sagte der Benediktinerpater Elmar Salmann einmal: »Ich glaube nicht an das Weiterleben in der Erinnerung.« Denn in Wirklichkeit verblasst diese und irgendwann ist fast jeder auf dieser Erde vollständig vergessen. Die Erinnerung selbst ist ja ein Anhaften. Wenn der »Mönch in uns« aber entwickelt ist, dann hilft uns diese Losgelöstheit, auch mit dem Verlust lieber Menschen umzugehen. Die Liebe hingegen geht über die physischen Grenzen hinaus. In der Liebe Gottes bleibt die innige Verbundenheit bestehen.

Wenn auf einmal alles ganz klar ist

KAPITEL 35

Wieder einmal war der Diakon Servandus nach seiner Gewohnheit bei Benedikt zu Besuch. Servandus war auch Abt des Klosters, das in Kampanien von dem ehemaligen Patrizier Liberius erbaut worden war, und kam oft zum Kloster Benedikts; denn auch er war erfüllt von göttlicher Weisheit und Gnade. Sie sprachen dann über das Glück des ewigen Lebens und erbauten sich gegenseitig. Wenn sie auch in diesem Leben die köstliche Speise der himmlischen Heimat noch nicht in vollendeter Freude genießen konnten, so wollten sie doch wenigstens in ihrer Sehnsucht davon kosten.

Es wurde Zeit, zur Ruhe zu gehen. Der heilige Benedikt legte sich im oberen Teil des Turmes nieder, der Diakon Servandus im unteren. In diesem Turm führte eine gerade Stiege von unten nach oben. Vor dem Turm befand sich ein größeres Gebäude, wo ihre Schüler ruhten. Während die Brüder noch schliefen, stand der Mann Gottes Benedikt schon vor der Zeit des nächtlichen Gebetes auf und hielt Nachtwache. Er stand am Fenster und flehte zum allmächtigen Gott. Während er mitten in dunkler Nacht hinausschaute, sah er plötzlich ein Licht, das sich von oben her ergoss und alle Finsternis der Nacht vertrieb. Es wurde so hell, dass dieses Licht, das in der Finsternis aufstrahlte, die Helligkeit des Tages übertraf. Etwas ganz Wunderbares ereignete sich in dieser Schau, wie er später selbst erzählte: Die ganze Welt wurde ihm vor Augen geführt wie in einem einzigen Sonnenstrahl gesammelt. Während der ehrwürdige Vater den Blick unverwandt auf den strahlenden Glanz dieses Lichtes gerichtet hielt, sah er, wie Engel die Seele des Bischofs Germanus von Capua in einer feurigen Kugel zum Himmel trugen.

Für dieses große Wunder wollte Benedikt einen Zeugen haben. Darum rief er den Diakon Servandus zwei- oder dreimal ganz laut beim Namen. Der erschrak über das laute Rufen, das er von diesem Mann nicht gewohnt war, stieg hinauf, schaute hin und sah nur noch einen Schimmer des Lichtes. Sprachlos stand er vor diesem Wunder; da erzählte ihm der Mann Gottes ganz genau, was geschehen war. Sogleich ließ Benedikt dem gottgeweihten Mann Theoprobus im Ort Casinum

> ausrichten, er möge noch in der Nacht einen Boten in die Stadt Capua senden. Er solle in Erfahrung bringen, wie es um den Bischof Germanus stehe, und ihm Nachricht geben. So geschah es. Der Bote erfuhr, dass der hochwürdige Bischof Germanus schon gestorben war. Auf genauere Nachfrage fand er heraus, dass sein Heimgang im gleichen Augenblick erfolgt war, in dem der Mann Gottes seinen Aufstieg zum Himmel geschaut hatte.

Unser menschlicher Weg folgt oft geraden Straßen, nimmt aber auch Windungen und Wendungen, und oft wissen wir das Ziel nicht. Dann ahnen wir es wieder, im nächsten Moment glauben wir gar nicht daran, dass es eines gäbe, und so gehen wir weiter, manches wissend, noch mehr ahnend, aber sehr selten mit einer vollkommenen Klarheit. Diese Klarheit wird Benedikt tatsächlich erst am Ende seines Weges, kurz vor seinem Tod, geschenkt. Er sieht die ganze Welt, das bedeutet auch sein eigenes Leben und das der anderen, wie jenes des Bischofs aus dem Nachbarort Capua, in einer einzigen Schau vor sich, »in einem einzigen Sonnenstrahl«, wie es heißt. Es ist eine Erleuchtung. Der Weg dorthin war ein Aufstieg, ein für die Kirchenväter der Antike typisches Motiv: von Rom zur Höhle in Subiaco, von der Höhle auf den Berg Montecassino, in seinem Kloster Montecassino in den Turm, im Turm ins obere Stockwerk des Turms – ans offene Fenster: Dort ist er dem Himmel ganz nah und sieht die ganze Welt. Der Weg des Aufstiegs war ein Weg der Beschränkung, des Loslassens. Er wird leichter, wenn wir Ballast abwerfen. Genau dieses Verzichten führt dazu, dass Benedikt am Ende alles gewinnt: Er gewinnt die ganze Welt. Es geschieht in der Nacht, denn wann sonst könnte man Licht besser sehen? Benedikt macht schon zuvor die Nacht zum Tag, denn noch vor dem nächtlichen Gebet der Mönche steht er auf und betet und wacht, als er die Vision hat. Dass es in ihm hell sein kann inmitten der Nacht steht dafür, dass er seine Schatten integriert hat, sie hindern ihn nicht mehr am Schauen, sondern führen ihn geradezu zum Schauen. Er sieht die Dinge jetzt nicht mehr im Licht der Welt, sondern im Licht Gottes, und das ist, wie sie wirklich sind: »In deinem Licht schauen wir das Licht« (Psalm 36,10). Während die Mönche noch schlafen, ist Benedikt »erweckt«, er wacht und wartet stehend auf den kommenden Herrn.

Es ist im wahrsten Sinn des Wortes ein Höhepunkt in Benedikts Leben. Er hat den vollen Durchblick, die Erleuchtung, die Schau, ist am Ziel der Kontemplation. Die Frage ist: Handelt es sich hier um die einzigartige mystische Erfahrung eines Heiligen oder können auch wir diese Erfahrung machen? Zum einen erinnert mich die Vision Benedikts an die Nahtoderfahrungen, bei denen Menschen von einem hellen Licht berichten, das sie gesehen hätten. Momente, in denen alles klar ist, gibt es aber auch schon auf dem Weg durch unser Leben. Es sind oft kurze Augenblicke, in denen wir eine Ahnung bekommen, was unsere Bestimmung ist, wie alles zusammenhängt, wer wir sind und was die Welt ist. Auf dem christlichen Mönchsweg geht es nicht darum, diese Erleuchtung anzustreben. Sie ist nicht das Ziel des Wegs, sie ist auch keine Art von Belohnung, sondern pures Geschenk, das wir, wenn wir es erhalten, dankbar annehmen dürfen. Wie für Benedikt mögen solche Tabormomente überraschend kommen. Sie sind in jedem Fall bestärkend und bestätigen uns darin, unserer Sehnsucht zu folgen, und darin nicht nachzulassen. Diese Momente können uns zu jeder Zeit geschenkt werden, mitten im Alltag, wenn wir gar nicht damit rechnen. Ich brauche dazu keine Auszeit im Kloster, kein extra langes Sitzen in der Stille oder kein besonderes Pensum von Gebeten. Weil sie Geschenk sind, können sie mich ereilen, wenn ich bei einer Tasse Tee sitze, wenn ich jogge, wenn ich unter der Dusche stehe, wenn ich im Gebet bin, wenn ich singe oder auf einmal weinen muss und natürlich auch bei den Sakramenten wie der Eucharistiefeier.

Diese Art der Erleuchtung, wie sie Benedikt erlebt, ist in der Tradition einzigartig. Zwar gibt es viele Motive in der Geschichte, die auch in anderen spirituellen Erzählungen eine Rolle spielen, wie der Turm, das Morgengebet, das Stehen, das Fenster, und doch gibt es keine Parallele zur Schau »der ganzen Welt«, weder in der Heiligen Schrift noch in der Patristik. Gregor zeigt hier, dass die Hinwendung zu Gott gleichzeitig die Hinwendung zur Welt ist. So wie Benedikts Weg zwar eine Flucht aus der Welt, eine Loslösung vom Weltlichen war, so war er doch gleichzeitig eine kompromisslose Hinwendung zur Welt und zu den Menschen. In der Schau Benedikts fällt die Unendlichkeit des Schöpfers in eins mit der Begrenztheit der Schöpfung. Im Licht Gottes wird die Welt auf einmal ganz klein. So kann sie Benedikt in einem einzigen Strahl sehen. Gregor schreibt (Puzicha 391): »Wenn Benedikt aber, wie gesagt, die ganze Welt als Einheit vor sich sah, so wurden nicht Himmel und Erde eng, sondern die Seele des Schauenden weit; in Gott entrückt, konnte er ohne Schwierigkeiten alles schauen, was geringer ist als Gott.« Darum geht es bei dem Weg des »Mönchs in mir«: dass meine Seele weit wird. Benedikt schreibt es gleich zu Beginn seiner Regel: »Wer aber im religiösen Leben und im Glauben voranschreitet, dem weitet sich das Herz (*dilatato corde*)« (RB Prol 49). Wer den Mönchsweg geht, innerhalb oder außerhalb des Klosters, dessen Herz wird weit.

Der Mönch in mir braucht eine Lebensordnung

KAPITEL 36

GREGOR: Gern würde ich dir noch vieles von diesem ehrwürdigen Vater erzählen, Petrus, doch einiges übergehe ich bewusst, weil es mich drängt, auch die Taten anderer zu schildern. Das aber soll dir nicht entgehen: Nicht nur die zahlreichen Wunder des Gottesmannes wurden in der Welt berühmt, sondern auch das Wort seiner Lehre strahlte hell auf. Er schrieb eine Regel für Mönche, ausgezeichnet durch maßvolle Unterscheidung und wegweisend durch ihr klares Wort. Wer sein Wesen und sein Leben genauer kennenlernen will, kann in den Weisungen dieser Regel alles finden, was er als Meister vorgelebt hat: Der heilige Mann konnte gar nicht anders lehren, als er lebte.

Es ist typisch für antike Lebensbeschreibungen, dass *gesta et verba*, Taten und Worten eines berühmten Menschen beschrieben werden.

Diese sollen natürlich übereinstimmen. Kurz vor dem Tod Benedikts spricht Gregor der Große daher von dessen Regel. Wir kennen keinen Beweis, der belegen würde, dass Gregor die Regel Benedikts selbst gekannt hat. Nach all den Taten und Wundern, die Benedikt vollbracht hat, verweist er nun aber auf dessen Worte, in denen sich reflektiert, was er gelebt hat. So wird die Regel Benedikts in der *Vita* gleichsam als das Testament des Heiligen eingeführt (*ultima verba*). Bevor der Heilige in der Geschichte aus dem Leben scheidet, wird auf sein Werk hingewiesen, das das Vorbild seines Lebens verstetigen kann.

Aus den Erfahrungen, die der »Mönch in mir« gemacht hat, erwachsen auch mir »Regeln« im Sinne von: Das tut mir gut, jenes nicht, dieses tut mir am besten. Solche Regeln nehmen mir nicht meine Freiheit, sondern sind im Gegenteil Ausdruck des Wunsches, in dieser neuen Freiheit leben zu wollen. Sie ermuntern mich immer wieder dazu. Diese Regeln geben meinem Leben eine Ordnung. Jeder, der einmal allein gelebt hat, weiß, wie wichtig es ist, dem eigenen Leben eine gewisse Struktur, eine Ordnung zu geben, die er im Einzelfall in seinem Alltag nicht jeden Tag neu hinterfragt, sondern einfach befolgt. Der »Mönch in mir« braucht eine Regel. Das gilt natürlich noch viel mehr für eine Gemeinschaft von Mönchen und ihr Zusammenleben. Das gilt im Grunde für jede Form von menschlichem Zusammenleben.

Die Regel des heiligen Benedikt stellt so etwas wie seine geronnene Erfahrung dar. Ursprünglich war sie nur mündlich weitergegeben worden, später dann auch schriftlich, schon zu seinen Lebzeiten. Es ist auch für uns zuweilen nützlich, etwas aufzuschreiben und sich damit selbst zu verpflichten. Es geht dabei nicht um eine enge Kasuistik, sondern um eine Hilfe, in meinem Leben einen neuen Stil einzuüben, eine neue Lebenskultur.

Die Benediktiner lesen jeden Abend einen Abschnitt aus der Benediktsregel beim Abendessen vor. So hören wir immer und immer wieder diese Texte. Im Lauf des Lebens versteht man immer mehr, was wohl hinter diesen Regeln steckt. Sie aber immer wieder zu hören, hat schon einen positiven Einfluss. Es geht also nicht um ein kadavergehorsames Befolgen der Regeln, sondern um ein schrittweises Sich-Einüben in diese Lebensart. Für die frühen Mönche war übrigens selbstverständlich die Heilige Schrift die »Urregel«. Die Mönchsregel stellte nur eine Anwendung, eine Aktualisierung der Bibel dar. Die höhere Autorität hatte die Bibel. Es wäre sicher eine lohnende Übung, einmal für sich selbst ein paar Kapitel zu verfassen als eine Aktualisierung des Evangeliums für mein Leben. Wenn ich die Heilige Schrift auf mein konkretes Leben anwende, welche Ordnung folgt daraus?

Wer die Benediktsregel liest, wird bemerken, wie diskret sie ist, das heißt, wie weise und klug sie im Einzelfall vorgeht und dazu einlädt, genau zu unterscheiden, was in der Situation wohl das Beste ist. In diesem Sinn ist sie nichts Starres. Die steinerne Benediktsstatue in der Kirche der Abtei Münsterschwarzach hält ein dickes Buch in der Hand. Obwohl die Regel in Wirklichkeit eher ein Büchlein ist, hat der Künstler sie hier doch mit einer leichten Biegung dargestellt: Selbst die Regel muss man mit einer gewissen Flexibilität lesen. So tun die Mönche es bis heute. Einiges setzen wir eins zu eins um, anderes interpretieren wir den konkreten lokalen und sozialen Umständen gemäß. Die Regel bietet eben beides: »maßvolle Unterscheidung« und ein »klares Wort«, wie Gregor sagt. Er preist die Regel hier in der Lebensbeschreibung Benedikts geradezu an und empfiehlt sie wärmstens.

Ein »anderes« Leben, eine neue Lebensform, eine, die aus anderen, besseren Quellen schöpft, ist in dieser Welt nicht selbstverständlich. Es braucht sozusagen ein paar flankierende Stützen. Die geistliche Erfahrung, die man macht, soll nicht verlorengehen, sondern nachhaltig werden. Dazu hilft die Regel.

Kraftorte, die bleiben

KAPITEL 38

> Benedikt wirkt auch in der Höhle, die er früher in Subiaco bewohnt hat, noch jetzt herrliche Wunder, wenn der Glaube der Hilfesuchenden es verlangt. Erst kürzlich ist geschehen, was ich erzählen will. Eine mental eingeschränkte Frau, die ganz von Sinnen war, schweifte über Berg und Tal, durch Wälder und Felder bei Tag und bei Nacht und ruhte nur, wenn die Müdigkeit sie dazu zwang. Eines Tages war sie sehr unruhig, verirrte sich und kam, ohne es zu merken, zur Höhle des heiligen Mannes, des Vaters Benedikt; sie trat ein und blieb dort. Am anderen Morgen verließ sie die Höhle geheilt; sie war so klar bei Sinnen, als wäre sie nie vom Wahnsinn befallen gewesen. Zeit ihres Lebens blieb ihr die Gesundheit erhalten, die sie dort wieder erlangt hatte.
>
> Deshalb sagte die Wahrheit selbst, um den Glauben der Jünger zu stärken: »Wenn ich nicht fortgehe, wird der Beistand nicht zu euch kommen« [Johannes 16,7]. Da bekanntlich der Beistand, der Geist, immer vom Vater und vom Sohn ausgeht, warum sagt dann der Sohn, er werde weggehen, damit derjenige kommt, der doch nie vom Sohn weggeht? Die Jünger, die den Herrn im Fleisch schauten, verlangten danach, ihn für immer mit ihren leiblichen Augen zu sehen; deshalb wurde ihnen zu Recht gesagt: »Wenn ich nicht fortgehe, wird der Beistand nicht kommen.« Damit meint er offenbar: »Wenn ich euch meinen Leib nicht entziehe, kann ich nicht zeigen, was die Liebe des Geistes ist, und wenn ihr nicht aufhört, mich leiblich zu schauen, lernt ihr nie, mich im Geist zu lieben.« (...)

Benedikt stirbt im Jahr 547. Wir haben sein Sterben im Kapitel »Alles Loslassen« auf Seite 76 bereits betrachtet. Benedikt stirbt im Stehen, als wolle er aktiv das Loslassen bejahen, das er sein ganzes Leben lang eingeübt hat. Die *Vita* endet aber nicht mit dem Bericht über den Tod Benedikts, sondern schließt noch die Erzählung eines weiteren Wunders an, das in Subiaco geschehen ist. In christlicher Überzeugung leben die Heiligen bei Gott. In der Nähe Gottes können sie sozusagen auch dann noch aktiv werden – heilen, Dämonen austreibend, auferwecken –, allerdings nicht aus eigener Kraft, sondern durch die Nähe, die sie zu Gott haben. Wer an ein Leben nach dem Tod glaubt, bei dem die Individualität des Verstorbenen nicht verlorengeht (so als verlöre sie sich etwa wie ein Wassertropfen im großen Meer), sondern die Persönlichkeit und die Beziehungen in vollendeter Liebe weitergehen und leben, der kann Beziehung zu seinen Verstorbenen aufnehmen. Wenn sie mich geliebt haben auf Erden, wieso sollten sie mich nicht weiter lieben nach ihrem Tod, wenn sie bei Gott sind, der die Liebe ist? Wenn sie gut auf dieser Erde wirken konnten, wieso sollten sie es nicht tun können, wenn sie beim lebendigen Gott sind? Was sie im Leben eröffnet haben, bleibt offen.

In der Geschichte des Wunders von Subiaco finden wir zudem die Besonderheit, dass es noch nicht einmal Benedikt selbst und persönlich ist, der das Wunder bewirkt, sondern der Ort, an dem er gelebt hat. Es ist, als ob der Ort gleichsam den Geist des Menschen, der dort gelebt hat, »sammelt« und so auch zum Kraftort für andere Menschen wird.

Für Benediktiner sind die Orte, an denen sie leben, sehr wichtig. Die Mönche entscheiden sich im Gelübde der *Stabilitas*, ihr Leben lang an einem Ort zu bleiben. Sie sind für Christen allgemein wichtig, besonders die Gräber der Heiligen. Im Wunder von Subiaco wirkt der Ort selbst nicht einmal dadurch, dass die Frau den heiligen Benedikt dort angerufen hätte, sondern allein, weil sie sich dort aufhält, entfaltet die Höhle quasi zufällig und spontan eine heilende Wirkung. Eine Dynamik, die man von vielen Pilgerorten kennt. Der »Mönch in mir« braucht Orte, an denen er mit dem in Berührung kommen kann, der jenseits von Raum und Zeit ist, der aber in Raum und Zeit wirkt.

Das Ziel ist das Ziel

Benedikt, der Wundermann – jetzt haben wir ihn in vielerlei Weise als solchen kennengelernt. Wir haben aber auch gesehen, dass seine Durchlässigkeit für den wunderwirkenden Gott gerade aus seinen Prüfungen hervorfloss. Benedikt war nicht der perfekte Mensch. Im Gegenteil. Aber er ließ sich für Gott aufbrechen und wurde offen für dessen Gegenwart. Religion und Kirche haben heute in manchen Gesellschaften an Attraktivität verloren, weil man entweder das Ideal, das sie vorgeben, inhaltlich nicht mehr teilt, oder weil man enttäuscht ist von der Tatsache, dass das, was verkündet wird, von den Verkündern selbst nicht gelebt wird. Ihr Leben gilt nicht mehr als authentisch. Ich meine, dass es hier ein Missverständnis gibt. Das »Ideal«, bei Gott zu sein, seinem Wort zu folgen, sein Leben nach ihm auszurichten, ist keine Hochsprunglatte, die für uns immer zu hoch ist und daher im Grunde irrelevant. Es geht für den »Mönch in mir« nicht darum, eine besondere religiöse Leistung zu bringen, sondern auf dem Weg zu bleiben. Das ist es, was man sich von Benedikt abschauen kann: Sein Leben war ein Weg, sein geistliches Leben war eine Wanderung. Selbst wenn Gregor ihn als von Anfang an fertig darstellen möchte, kommt er doch nicht umhin, ihn als einen Pilger (und auch Sünder) bis zum Schluss zu zeigen. Seine Wunderkraft entfaltet sich zudem nur auf dem Weg. Dass Benedikt immer Empfangender bleibt und nicht die Nähe Gottes beanspruchen kann, zeigen die letzten Episoden der *Vita*, besonders die Geschichte mit seiner Schwester Scholastika. Immer mehr zu lieben, ist ein Prozess, ein Lernweg, er geschieht nur Schritt für Schritt.

Trotzdem lehrt die Lebensbeschreibung Benedikts auch etwas anderes: Der Weg ist nicht beliebig und er hat ein Ziel. So sympathisch der Satz Reinhold Schneiders »Der Weg ist das Ziel« klingt, so sehr ist die christliche Perspektive doch eine andere: Das Ziel ist das Ziel. Wir erreichen zwar das Ziel auf dieser Erde nie vollkommen, aber es gibt eine klare Richtung. Sie ist so klar, dass sie manchmal unser konkretes Leben auf den Kopf stellt, uns dazu ruft, Liebgewonnenes loszulassen. Das Ziel liegt radikal jenseits von uns und nur so können wir wahrlich Fortschritte machen und vorwärtskommen.

In der Praxis bedeutet das, dass wir die Spannung aushalten müssen und nützen dürfen, die darin besteht, dass wir auf dem Weg sind (nichts ist vollkommen) und einem Ziel entgegengehen (»Warum nennst du mich gut? Niemand ist gut außer der eine Gott«, Markus 10,18). Wenn man beides miteinander identifiziert, also wenn wir auf dem Weg schon am Ziel sein sollen, laden wir uns unnötige Last auf, eine Moral, die uns erdrückt und an uns und anderen schweren Schaden anrichtet. Wenn man beides trennt, wenn wir also sagen, das Ziel könne man nicht erkennen oder es gäbe es gar nicht und es käme nur darauf an, irgendwie in Bewegung zu bleiben, geraten wir in eine Beliebigkeit, die nicht unbedingt größere Liebe und größere Freiheit fördert.

Der »Mönch in mir« ist der Ort, an dem ich - ganz persönlich - mit Gott in Verbindung zu sein versuche. Es ist der Ort, an dem ich unvertretbar bin, denn meine Beziehung zu Gott ist so individuell wie ich selbst es bin. Diese meine Individualität - man könnte auch sagen: meine Berufung - wurzelt und kommt letztlich aus Gott, das heißt von außerhalb meiner selbst, sodass der »Mönch in mir« der Weg der Entäußerung ist, der mich paradoxerweise mehr zu mir selbst bringt, als alles auf der Welt es tun könnte. Ich »wohne dann bei mir«. Gleichzeitig bringt er mich näher zu meinen Mitmenschen. Es fällt mir leichter, auch sie dort zu respektieren, wo sie dem Zugriff des Menschen entzogen sind und ihre Liebe, ihre Würde und ihr Leben von Gott hernehmen. Der »Mönch in mir« ist also kein Solitär, schon gar kein Narzisst, kein Eskapist, kein Insulaner, sondern einer, der sich tiefer mit anderen Menschen verbinden kann, weil er versucht, zutiefst mit Gott in Verbindung zu sein, der die Verbindung von allem und allen ist.

Ein Mensch Gottes

Der Weg des Mönchs ist ein Weg zur Gelassenheit. Durch permanentes Loslassen auf allen Ebenen und in allen Bereichen bekommen wir Abstand zu der Welt und zu uns selbst. Es ist ein Weg des Sich-Loslösens und Leerwerdens. Es braucht Mut und Entschiedenheit, diesen Weg zu gehen. Und es braucht einen kleinen Sprung, sich der »Einsamkeit«, die mit dem Mönchsein verbunden ist, zu stellen. Man könnte aber fragen: Wofür das alles? Ist das, was bleibt, nur eine »Leere«? Ist das Ideal der »leere Mensch«? Schauen wir noch einmal zurück auf Benedikts Leben, womit es eigentlich gefüllt war, nachdem er alles losgelassen hatte.

Betrachten wir den Weg, den er von der Höhle auf den Berg zurückgelegt hat: Was für ein Mensch ist er geworden? Wie war er? Wir schauen dabei auf den Menschen, der Wunder vollbracht hat, und ziehen Rückschlüsse, wie er wohl selbst war, um das alles für andere bewirken zu können. Benedikt ist ein Mensch geworden, der Dingen auf den Grund gehen und sie so lösen konnte (Kap. 4). Er ist ein treuer Mensch geworden (Kap. 5). Er hat die Fähigkeit erworben, zu verbinden statt zu trennen (Kap. 6). Er ist ein Mensch geworden, der in Gemeinschaft leben und helfen konnte, wenn Menschen in Gemeinschaft leben wollten. Er war loyal (Kap. 7) und ein Realist (Kap. 8). Er ist mutig geworden, bereit zu radikalem Neuanfang (Kap. 8-10). Er ist nüchtern geworden (Kap. 10) und einer, der sich einschränken konnte (Kap. 11). Er ist einer geworden, der Intimität leben konnte (Kap. 12). Er ist entscheidungsstark geworden (Kap. 13). Er hatte echte Autorität (Kap. 14) und keine Angst vor Verlust (Kap. 15). Er ist großzügig (Kap. 16) und barmherzig geworden (Kap. 18). Er hat ein weites Herz bekommen (Kap. 19) und ist ein Diener geworden (Kap. 20). Er ist ein hoffnungsfroher (Kap. 21) und ein hörender Mensch geworden (Kap. 22). Dazu konsequent (Kap. 23) und jemand, der seine Liebe über den Tod geliebter Menschen hinaus aufrechterhalten hat (Kap. 24). Er ist sich seiner dunklen Seiten bewusst (Kap. 25) und ein Heiler geworden (Kap. 26–27). Er ist ein Beter (Kap. 28) und ein Energiespender geworden (Kap. 29). Er ist ein alter und reifer (Kap. 30) und ein kontemplativer Mensch geworden (Kap. 31). Er ist demütig (Kap. 32), liebend (Kap. 33) und ein Bruder und Freund (Kap. 34). Er ist ein Seher (Kap. 35) und ein Mensch der Ordnung geworden (Kap. 36) sowie ein Fürsprecher (Kap. 37). – Welch ein Leben!

Mönch zu sein bedeutet kein blutleeres Leben, sondern eines voller Lebendigkeit, Begabungen und Möglichkeiten. Es lohnt sich, sich selbst loszulassen und zu öffnen, leer zu werden und sich seiner existenziellen Einsamkeit zu stellen, wenn auf diese Weise so viel Leben in uns einströmt. Wie schön könnte es sein, wenn ich mir selbst nicht mehr im Weg stünde und auch anderen nicht mehr gestatten würde, sich in meinen Weg zu stellen.

Der Titel, den Gregor diesem Benedikt in seiner *Vita* wiederholt gibt, ist »*vir Dei*«, das bedeutet der »Mann Gottes«. Damit beschreibt er, womit er Benedikt »angefüllt« sieht: mit Gott. Benedikt hat sich mit Gott füllen lassen, so ist er ein Mann Gottes geworden. Jeder und jede von uns kann ein »Mensch Gottes« werden. Der Weg dorthin braucht diesen kleinen Sprung in die Einsamkeit und dann vielleicht einen zweiten Sprung in das Vertrauen auf Gott – oder ist es ein und derselbe Sprung?

Literatur

Der Abdruck der Texte aus dem Buch II der Dialoge erfolgt mit freundlicher Genehmigung durch den EOS Verlag Sankt Ottilien.

Albert, Marcel und Büll, Franziskus: Gregor der Große und die Vita Benedicti, in: Handbuch der Benediktinischen Ordensgeschichte, Band I, St. Ottilien 2022.

Apophthegmata Patrum. Teil I: Das Alphabetikon - die alphabetisch-anonyme Reihe (Weisungen der Väter, Band 14), übersetzt und kommentiert von Erich Schweitzer, Beuron 2012.

Cassian, Johannes: Die Heilmitel der acht Hauptlaster - De octo principalium vitiorum remediis (Quellen der Spiritualität, Band 15), Münsterschwarzach 2019 [zitiert als »Inst.«]

Della Volpe, Monica: La via di san Benedetto. Dalla Vita alla Regola, Firenze 2022.

Die Regel des heiligen Benedikt, herausgegeben im Auftrag der Salzburger Äbtekonferenz, Beuron, 17. Aufl. 2006. [zitiert als »RB«]

Frignani, Simone: Der Benediktweg von Nursia über Subiaco nach Montecassino: Auf den Spuren des hl. Benedikt. Für Fuß- und Radpilger. Mit detaillierten Karten. Aus dem Italienischen von Gabriele Stein, Innsbruck 2014.

Gregor der Große: Der hl. Benedikt. Buch II der Dialoge, lateinisch/deutsch, herausgegeben im Auftrag der Salzburger Äbtekonferenz, St. Ottilien 1995.

Gregory the Great: The Life of Saint Benedict. Commentary by Adalbert de Vogüé, Petersham 1993.

Grün, Anselm: Einswerden. Der Weg des heiligen Benedikt (Münsterschwarzacher Kleinschriften, Band 36), Münsterschwarzach, 5. Aufl. 2013.

Grün, Anselm: Benedikt von Nursia. Meister des Maßes - geerdete Spiritualität, Freiburg 2017.

Kardong, Terrence G.: The Life of St. Benedict by Gregory the Great. Translation and Commentary, Collegeville 2009.

Péguy, Charles: Das Tor zum Geheimnis der Hoffnung (Christliche Meister, Band 9), Einsiedeln 1980

Puzicha, Michaela: Kommentar zur Vita Benedicti. Gregor der Große: Das zweite Buch der Dialoge - Leben und Wunder des ehrwürdigen Abtes Benedikt, herausgegeben im Auftrag der Salzburger Äbtekonferenz, St. Ottilien 2012.

Wilde, Mauritius: Nüchternheit. Die Kunst, sich ein achtsames Herz zu bewahren, Münsterschwarzach 2018

Bibliografische Information der Deutschen Nationalbibliothek
Die Deutsche Nationalbibliothek verzeichnet diese Publikation in der Deutschen Nationalbibliografie. Detaillierte bibliografische Daten sind im Internet über http://dnb.d-nb.de abrufbar.

Ohne Folie
Für unsere Umwelt

FSC
www.fsc.org
MIX
Papier | Fördert gute Waldnutzung
FSC® C014889

in Deutschland produziert

3. Auflage 2026

Lektorat: Marlene Fritsch
Umschlaggestaltung: Matthias E. Gahr
Umschlagmotiv: Bru-nO/pixabay.com
Druck und Bindung: Pustet, Regensburg

ISBN 978-3-7365-0551-3
www.vier-tuerme-verlag.de